Nicole Hagen

DEKO-IDEEN AUS *Strickschlauch*

Schriftzüge
und viele weitere
One-Line-Motive

INHALT

DIE THEORIE HINTER DER PRAXIS 4

STEP-ANLEITUNG FÜR DIE STRICKLIESEL 6

EINARBEITUNG VON PERLEN IN EINEN DIY-SCHLAUCH 9

VERARBEITUNG EINES DIY-STRICKSCHLAUCHES 10

GEKAUFTEN STICKSCHLAUCH MIT DRAHTKERN VERARBEITEN 13

MOTIVE LEGEN 14

DIE PROJEKTE 15

TASCHE MIT KATZENMOTIV & AFFENFAUST-ANHÄNGER 17

WEIHNACHTSBAUM 22

ZUCKERSTANGEN 24

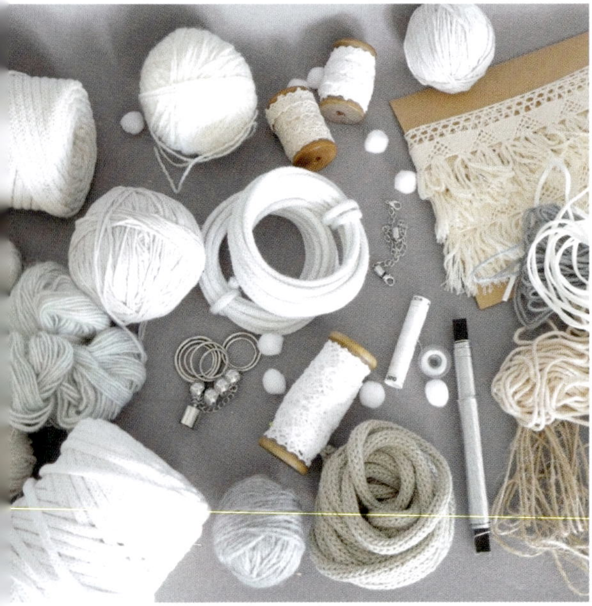

KETTEN & ARMBÄNDER 26

FILIGRANE ARMBÄNDER 27

VASEN AUS ALTGLAS 28

KÖRBCHEN ODER DECKCHEN GEFÄLLIG? 32

TRAUMFÄNGER MIT POMPONS 38

GEWEIHTIERE 42

BLUMENSTRAUSS 46

LUFTBALLONS 50

ENERGIESPARENDE GLÜHBIRNE 52

VERWICKELTE OBJEKTE 54

LEUCHTENDE SCHLÄUCHE 55

KISSENBEZUG 56

GESCHENKTASCHE 60

HÄNGENDE KATZE & PIPAKNOTEN 66

OSTERKRANZ 72

BLÄTTERLIANE ALS LAMPENSCHIRM 76

KORB FLECHTEN 78

IM BÜRO 83

TASCHE MIT SCHNÖRKELN 84

VASEN 87

RUCK-ZUCK-KAKTEEN 88

SCHRIFTZÜGE & RESTEVERWERTUNG 90

»DAS HÄTTE ICH AUCH GERNE!«

... war das auch dein Gedanke, als du die wunderschönen Strickschlauchprojekte in den Weiten des Internets und auf Social Media entdeckt hast? Mir ging es jedenfalls so! Manchmal braucht es aber einen kleinen Ruck, bis man selbst ein Projekt wirklich umsetzt. Ich hoffe, dieses Büchlein ist für dich genau dieser Anstoß. Ich zeige dir, wie du Strickschlauch verarbeitest, wie er auf eine passende Länge gekürzt wird und wie du ihn zusätzlich zu der breiten Vielfalt in den Fachgeschäften auch selbst herstellen kannst. Du wirst Projekte entdecken, bei denen sich ein Drahtkern im Schlauch befindet, und welche, die ohne Draht umzusetzen sind. Es erwarten dich größere und kleinere Ideen, für Dekorationszwecke oder für den Alltag, für dich selbst und zum Verschenken.

Ich habe mich um eine ausgewogene Mischung aus DIY-Schlauch und gekauftem Schlauch bemüht, sodass für jeden Geschmack etwas dabei ist.

EIN HERZLICHES DANKESCHÖN

Vielen lieben Dank an die Firmen Rayher Hobby GmbH, Laupheim, und Prym Consumer Europe GmbH für die großzügigen Materialspenden zu diesem Buch.

Danke an Heike für ihren immerwährenden Nachschub an Wolle.
Dorothea von **www.pirlipause.de** danke ich für ihr wunderschönes Buch, mit dem sie uns allen auf eine ganz zauberhafte Art das Körbeflechten mit Zeitungspapier beibringt und mich zu immer mehr Experimenten auf diesem Gebiet inspiriert! Ich danke meiner Familie für ihre Geduld während der Arbeit an diesem Buch, denn ein hartnäckiges Influenza-Virus, eine nicht geplante Baustelle und sogar ein Hacker-Angriff wollten alle an diesem Projekt beteiligt sein und hier an dieser Stelle mit erwähnt werden. Zusätzlich danke ich den Teams von HOOU@HAW und MedWatch für die Abwechslung in meinem bunten Arbeitsalltag.

Ein herzliches Dankeschön für das Vertrauen, das der Verlag in mich steckt, und für die Möglichkeit, mein mittlerweile drittes Buch auf die Beine zu stellen.

Ein ganz lieber und herzlicher Dank geht auch an dich! Ich hoffe, du hast viel Freude mit den hier vorgestellten Projekten, machst sie nach, denkst sie weiter und lässt dich inspirieren zu neuen kreativen Abenteuern!

DIE THEORIE HINTER DER PRAXIS

MATERIAL: GARNE, LIESELN, WERKZEUGE UND CO.

STRICKSCHLAUCH

Ob du mit gekauften oder DIY-Strickschläuchen arbeitest, liegt allein in deiner Hand. Du darfst hier ganz nach deinem Geschmack variieren. Selbst gestrickter Schlauch hat den Vorteil, dass du dabei vorhandene Wollreste verarbeiten kannst. Hast du selbst keine, findest du sie oft sehr günstig, häufig sogar kostenlos in den (digitalen) Kleinanzeigen. Für DIY-Schläuche benötigst du zusätzlich eine Strickliesel. So etwas hast du bestimmt schon einmal gesehen, vielleicht liegt bereits ein Exemplar bei dir zu Hause. Und selbst wenn nicht, gibt es immer noch schnelle Ideen, sich eine Liesel selbst zu bauen. Auch dafür werde ich dir Beispiele zeigen.

Selbst gemachte Schläuche können ohne und mit Drahtkern benutzt werden. Je nach Projekt kannst du hier dicken oder dünnen Draht einsetzen. Andere Utensilien wie Lampenschirme oder Metallringe sind ebenso denkbar.

Wenn du magst, kannst du dir zu Beginn eine kleine Materialsammlung anlegen. Stöbere dafür in deinem Bastelvorrat und entdecke, was sich dort an Schätzen versteckt, um deine Projekte weiter zu verzieren und richtig in Szene zu setzen. Schaue, welche Farben zusammenpassen, was gut miteinander harmoniert oder einen spannenden Kontrast erzeugt.

Auch gekauften Schlauch gibt es ohne und mit Draht. Der Vorteil liegt auf der Hand: Du kannst sofort loslegen, ohne erst einmal stricken zu müssen.

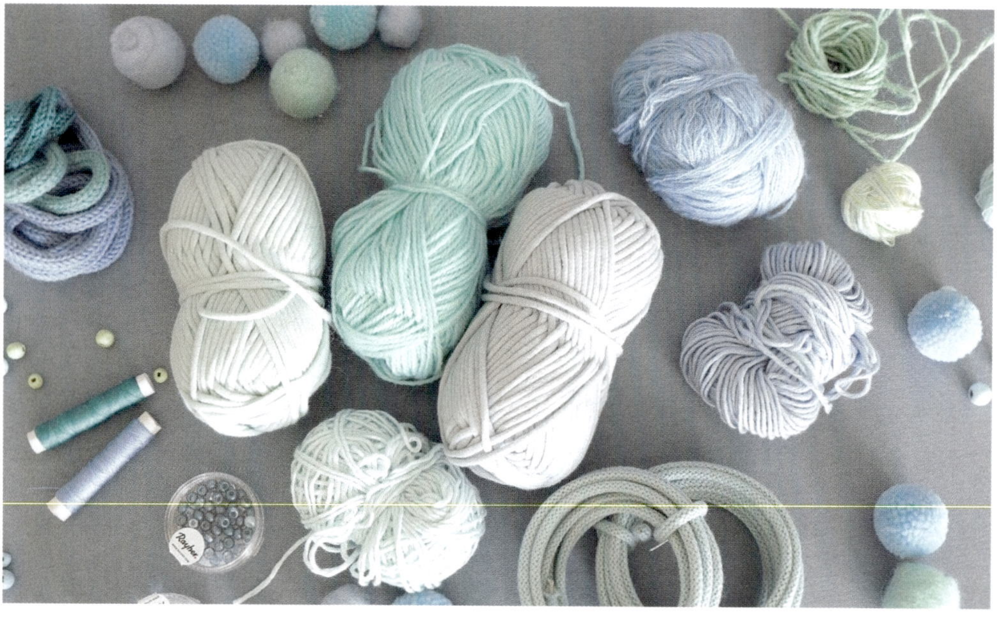

WERKZEUGE

Verarbeitest du Strickschlauch mit einem Drahtkern, braucht es ein paar Werkzeuge, die über Schere und Co. hinausreichen. Wichtig sind hier vor allem Zangen zum Biegen und ein Seitenschneider zum Kürzen des Drahtes.

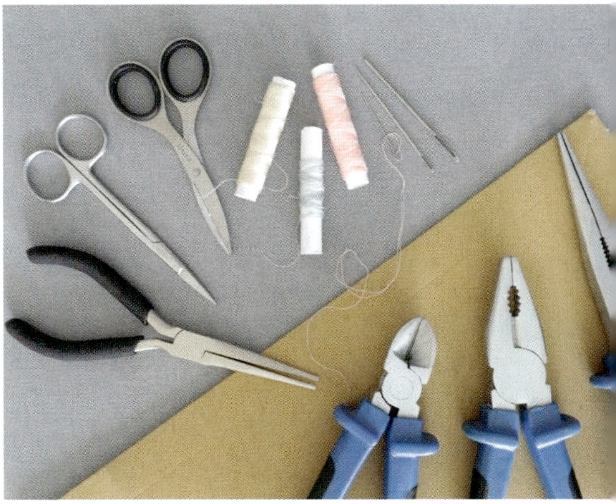

Für den gekauften Schlauch ist eine spitze Schere nahezu unentbehrlich, um ihn zu kürzen. Zum Vernähen der Enden brauchst du eine Nähnadel und farblich zum Schlauch passende Garne. DIY-Schlauch hingegen vernähst du mithilfe einer Stopfnadel und dem Fadenrest des Schlauches.

Manchmal wirst du für einen sogenannten Schrumpfschlauch dankbar sein. Was das ist? Bei der Verarbeitung des DIY-Strickschlauchs lernst du ihn näher kennen.

STRICKLIESELN UND DIY-MODELLE

Es gibt Lieseln mit vier, sechs oder acht Haken. Je mehr Haken die Liesel besitzt, desto dicker wird der Schlauch. Der Abstand der Haken zueinander entscheidet, wie dick dein Garn sein muss (je größer der Abstand, desto dicker das Garn). Für handelsübliche Stricklieseln nimmst du ein Garn der Stärken 2,5 bis 6.

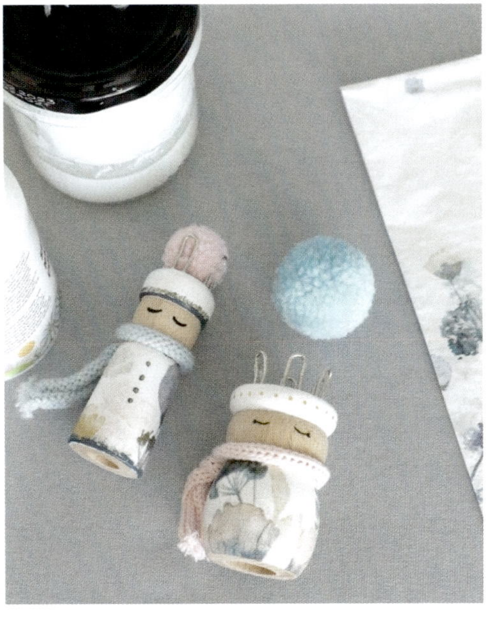

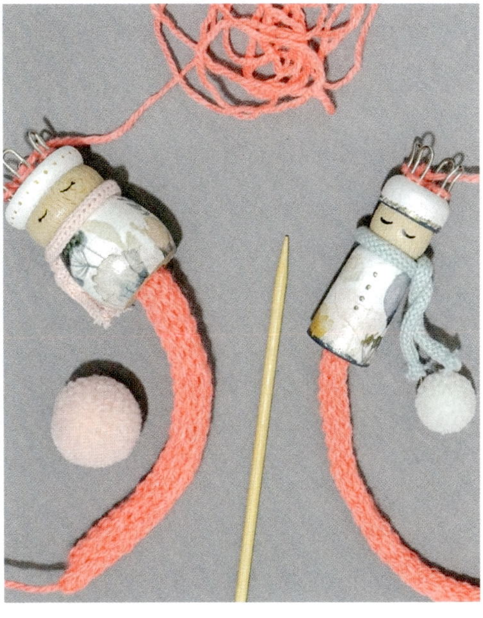

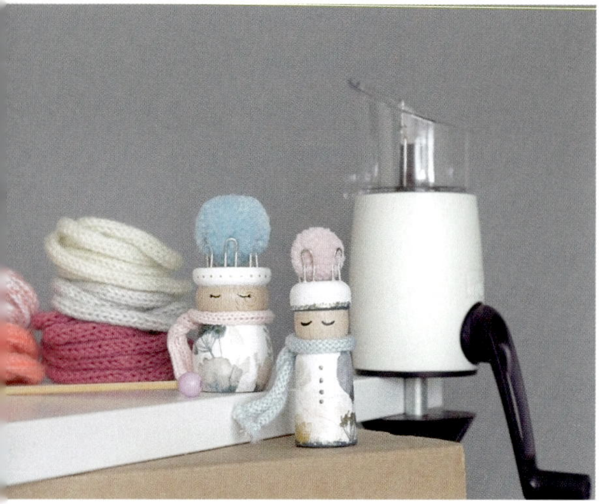

Oft gibt es kleine Handstricklieseln recht günstig zu erwerben. Die Varianten aus blankem Holz lassen sich nach Lust und Laune weiter verzieren. Die gezeigten Exemplare wurden z. B. mit der Serviettentechnik zu wahren fleißigen Lieseln. Mit einem Pompon als Frisur sind sie ein witziger Hingucker und auch bei Nichtgebrauch schön anzusehen.

Wer hier so richtig durchstarten und viele (auch große) Projekte mit selbst gestricktem Schlauch umsetzen möchte, kann über die Anschaffung einer Strickmühle nachdenken. Ich habe damit bisher sehr gute Erfahrungen gemacht. Hier funktionieren die Garnstärken 2 bis 4,5.

Du kannst dir auch ganz nach deinen individuellen Bedürfnissen eigene Modelle bauen. Papprollen, Holzstangen, leere Garnspulen ... Ganz egal, was dir in die Finger fällt und je nachdem wie viel Aufwand du betreiben möchtest, all dies eignet sich für eine DIY-Liesel. Besonders schnell und einfach ist die Variante aus Papprollen – eine gute Ergänzung zu den kleinen Handstricklieseln. Dafür ‚umklammerst' du den oberen Rand einfach mit so vielen Foldback-Klammern, wie darauf passen. Mit diesen XXL-Lieseln zauberst du zusammen mit Textilgarn wunderschöne XXL-Strickschläuche. Textilgarn kannst du ebenfalls im Fachhandel erwerben. Wie du es aus ausgedienten T-Shirts selbst herstellst, erfährst du, wenn du mich in meinem digitalen Zuhause auf www.zobelhase.de besuchst.

STEP-ANLEITUNG FÜR DIE STRICKLIESEL

Für manche Projekte ist es praktisch, die Strickschläuche selbst herzustellen. Wenn du etwa einen großen Durchmesser brauchst – z. B. um damit Stifte oder dicke Kabel zu verschönern (siehe S. 83) und voluminöse Schläuche für coole Statementketten herzustellen (siehe S. 26) – oder Perlen hineinweben willst (siehe ein paar Seiten weiter).

Die folgende Schritt-für-Schritt-Anleitung zeigt dir, wie's geht. Im Beispiel verwende ich eine Strickliesel mit vier Haken. Das Prinzip funktioniert jedoch genauso mit jeder anderen Ausführung.

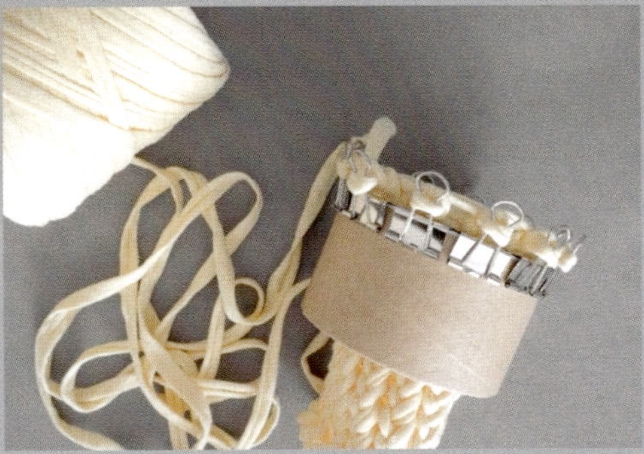
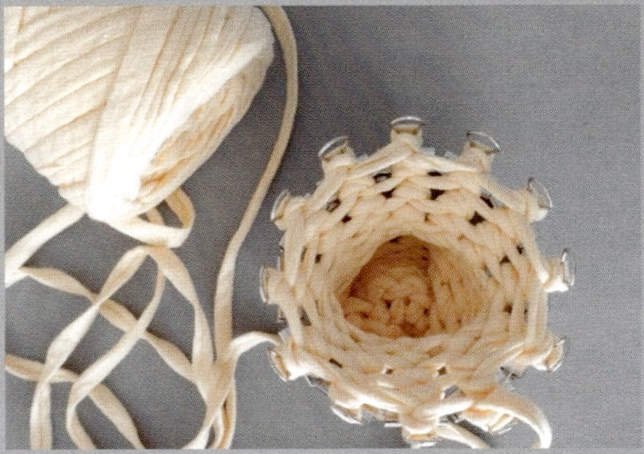
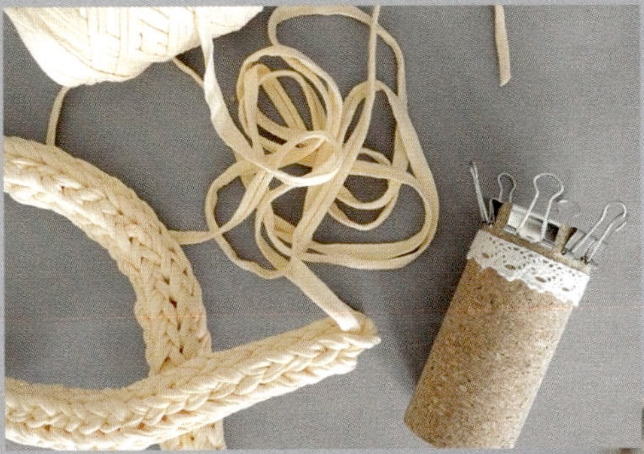
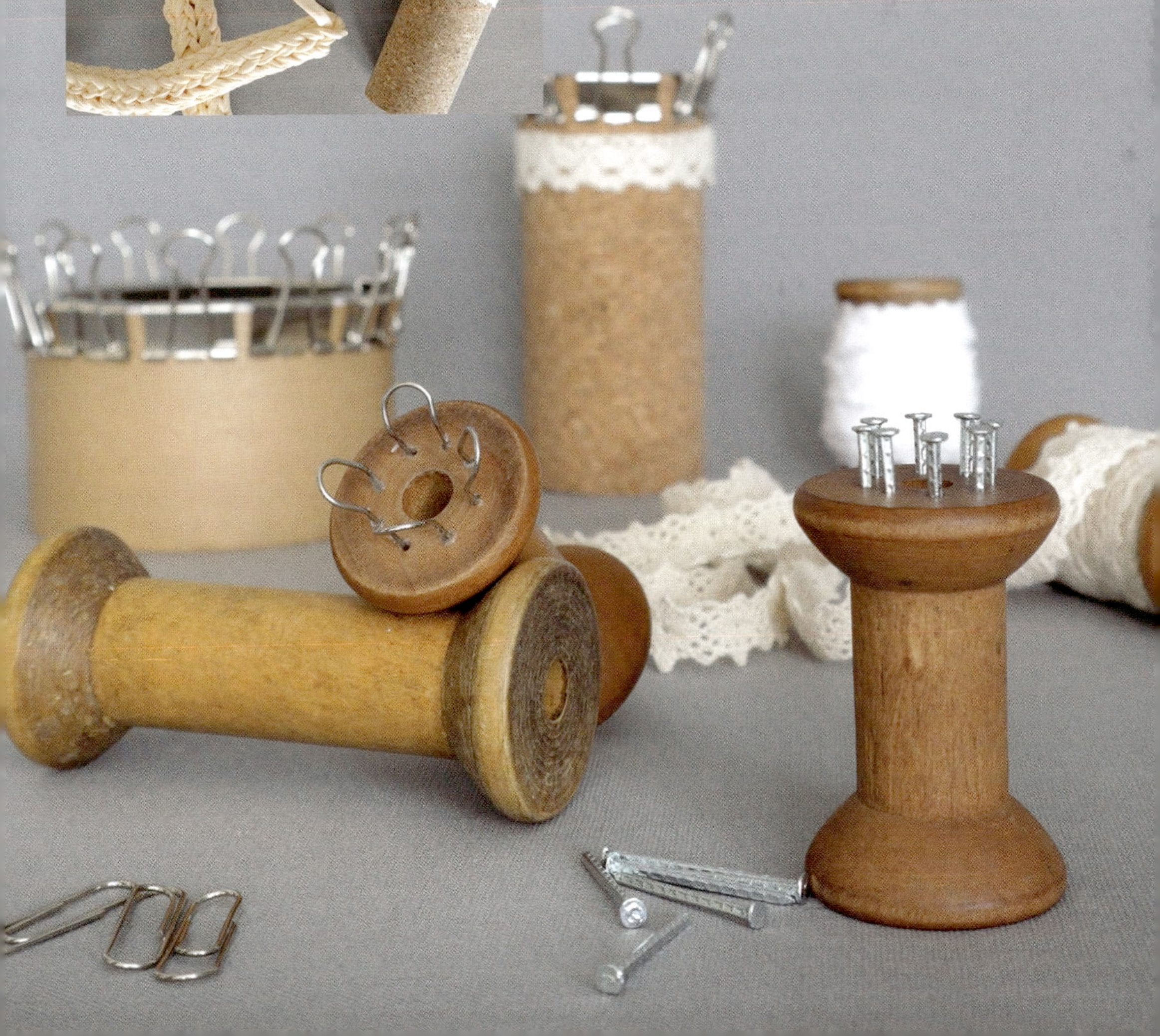

STEP-ANLEITUNG FÜR DIE STRICKLIESEL

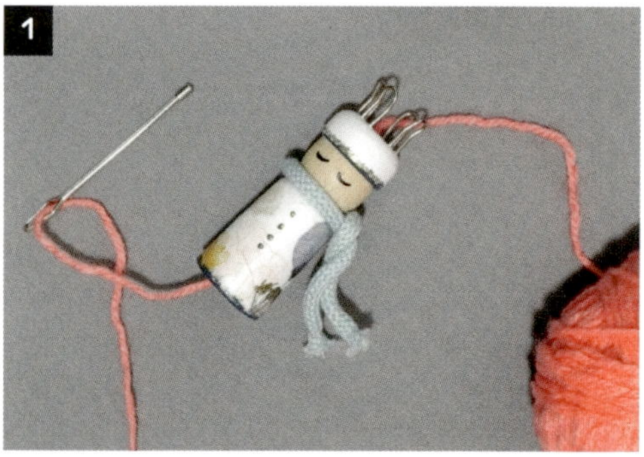

1. Der Anfang Als Allererstes muss dein Garn von oben nach unten durch das Loch der Strickliesel geführt werden. Lässt sich der Faden schwer durchfädeln, hilft dir z. B. eine Stopfnadel. Das Gewicht zieht den Faden leicht hindurch.

2. Die Runden Schlinge den Faden wie in den Bildern gezeigt immer gegen den Uhrzeigersinn in Schlaufen einmal um jeden Haken herum. Halte dabei das untere Fadenende fest.

3. Nun kippst du die Strickliesel und schlingst eine zweite Schlinge um den ersten Haken.

4. Mit einer Nadel (z. B. mitgeliefert, große Stopfnadel, Häkel- oder Stricknadel) hebst du die untere Schlaufe über die obere. So verfährst du reihum. Ziehe ab und zu am unteren Faden, sodass deine Schlaufen nach und nach in den Schaft wandern. Nach einigen Runden zeigt sich der entstehende Schlauch an der unteren Öffnung. Er wächst mit der Zeit langsam heraus.

5. Hast du deine Wunschlänge erreicht, schneidest du den oberen Faden ab und fädelst ihn auf eine Stopfnadel. Mit der Nadel gehst du nun durch jede Öse hindurch, ziehst diese dabei hoch und ab. Ziehe dann einmal alles fest, entferne die Nadel und ziehe den Schlauch nach unten aus der Liesel heraus. Vernähe noch beide Fadenenden.

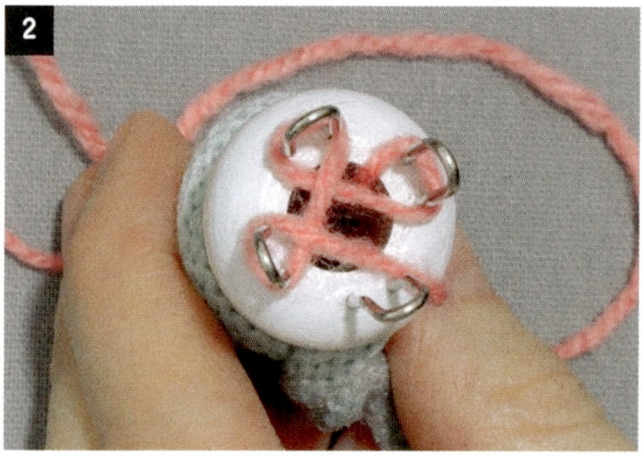

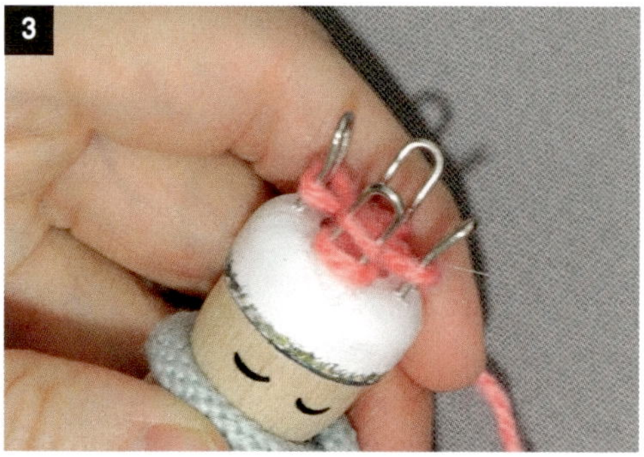

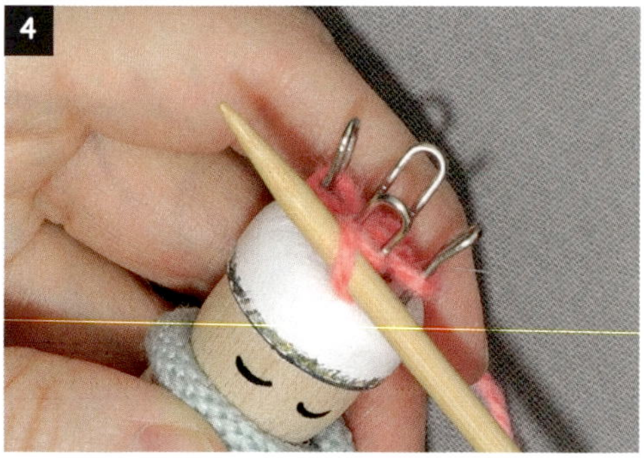

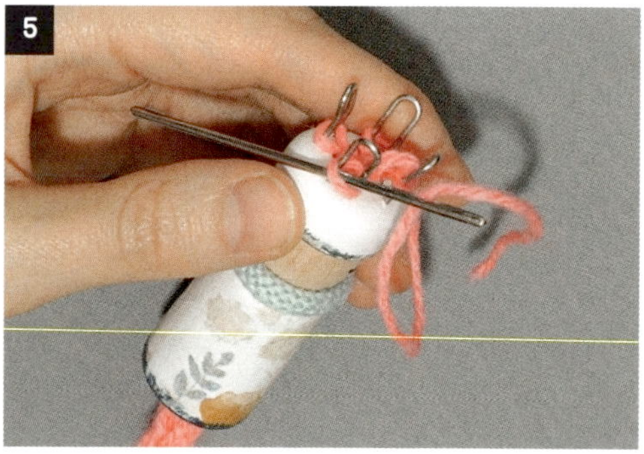

EINARBEITUNG VON PERLEN IN EINEN DIY-SCHLAUCH

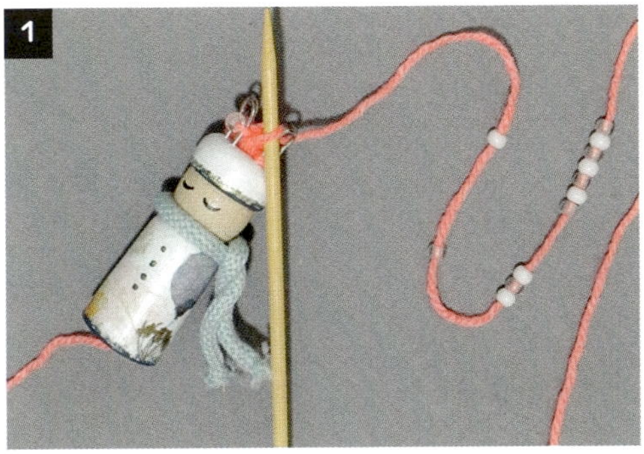

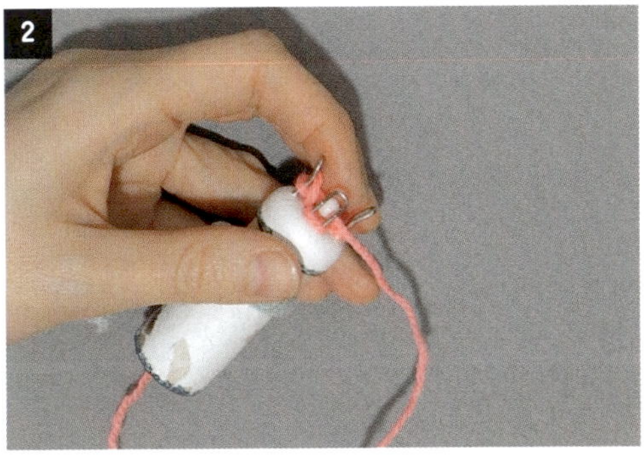

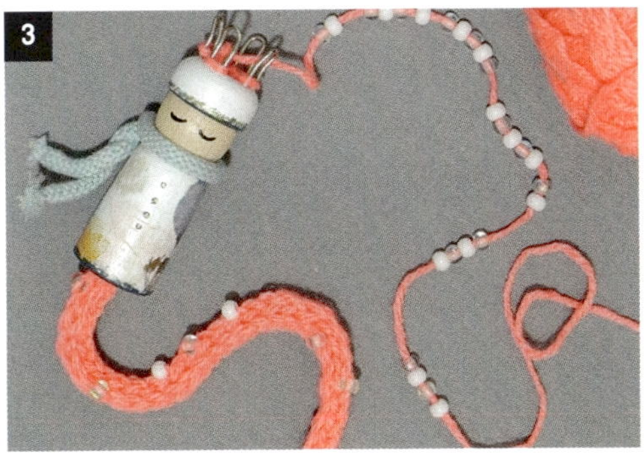

Stellst du deinen Strickschlauch selbst her, hast du einen großen Vorteil: Du kannst Perlen und Ähnliches mit einarbeiten.

1. Dafür ziehst du dir als Erstes viele Perlen auf dein Strickgarn. Falls du sie nach einem bestimmten Muster auf dem Schlauch verteilen möchtest, markierst du am besten die einzelnen Haken der Strickliesel, indem du sie durchnummerierst. Im Beispiel werden die Perlen nach dem Zufallsprinzip in den Schlauch gebracht.

2. Der Strickschlauch startet wie in der vorherigen Anleitung. Ist es Zeit für eine Perle, bildest du die zweite Schlaufe so, dass die Perle hinter dem entsprechenden Haken der Strickliesel liegt.

3. Nun ziehst du wie zuvor die untere Schlaufe über die obere. So landet die Perle später auf der Außenseite der Kordel und verschwindet nicht im Inneren.

VERARBEITUNG EINES DIY-STRICKSCHLAUCHES

Ein DIY-Strickschlauch ist in seiner Anwendung sehr vielfältig. Du kannst ihn sofort nach dem Stricken für etliche kreative Projekte verwenden. Durch sein hohles Inneres kannst du bequem einen Drahtkern ziehen, was zusätzliche Gestaltungsmöglichkeiten bietet.

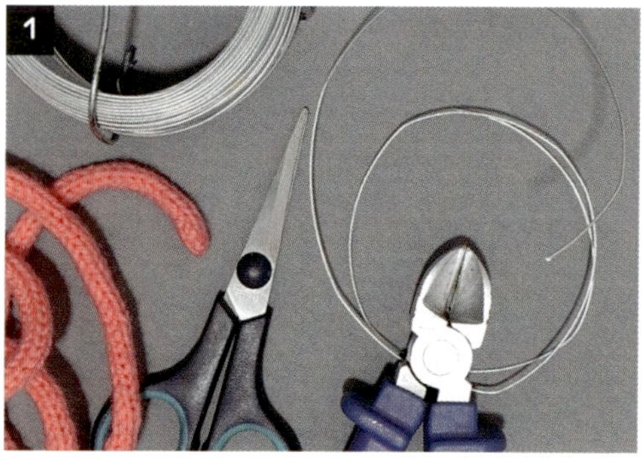

Draht in den Schlauch bringen Um einen Draht ins Innere zu schieben, muss der Schlauch zunächst geöffnet werden.

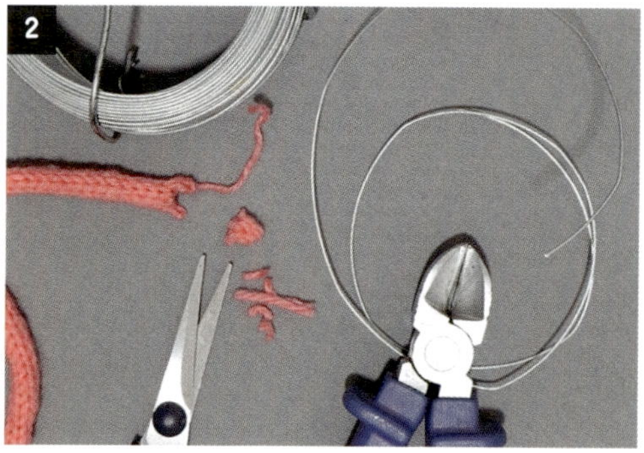

Dafür schneidest du das zugenähte Ende mit einer Schere auf.

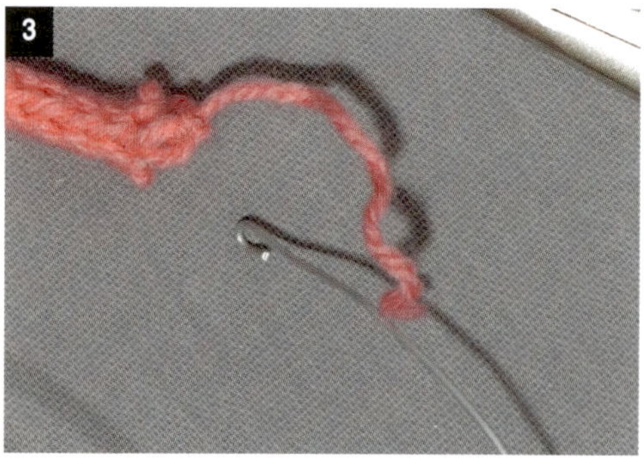

Damit der Draht nicht aus jedem Loch wieder herauskommt, sondern sich leicht durch den Hohlraum im Inneren bewegen lässt, biegst du den Anfang des Drahtes mit der Zange zu einer Öse um. So sollte er bis zum Ende hindurch gleiten.

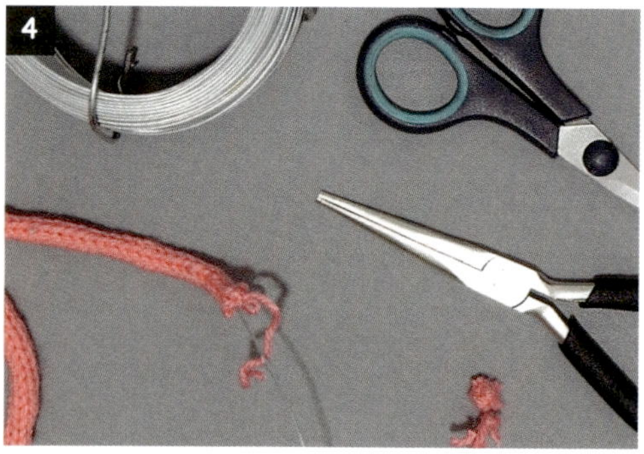

In den meisten Fällen passiert es spätestens zu diesem Zeitpunkt, wenn nicht schon vorher, dass der Draht trotz Öse ab und zu aus dem Tunnel nach außen entwischt. Deshalb ziehst du den Draht vorsichtig hindurch, damit du problemlos zum Ziel kommst.

5

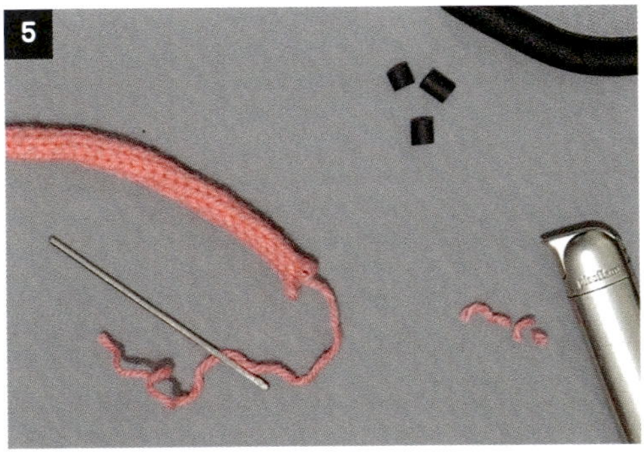

6

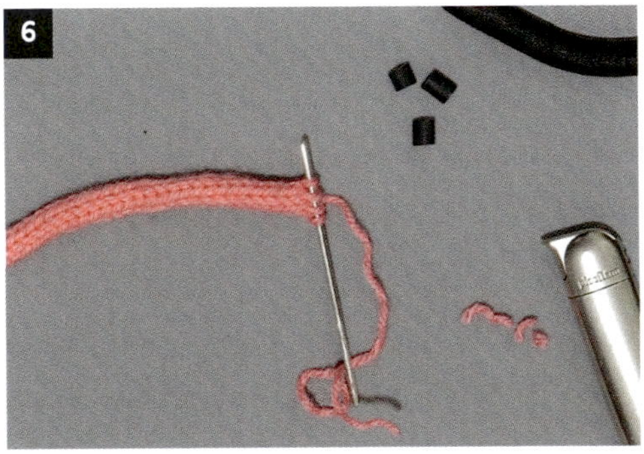

7

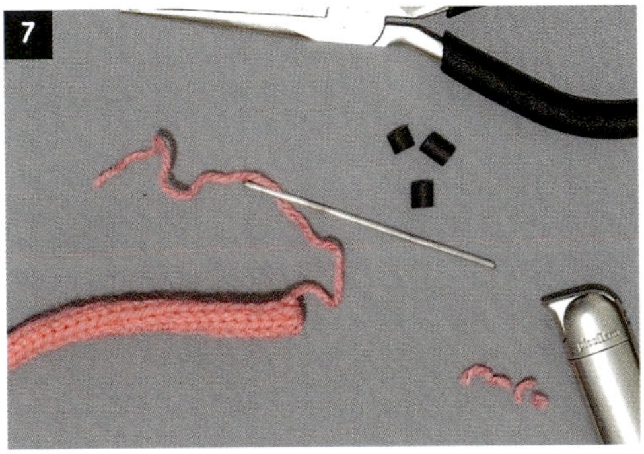

8

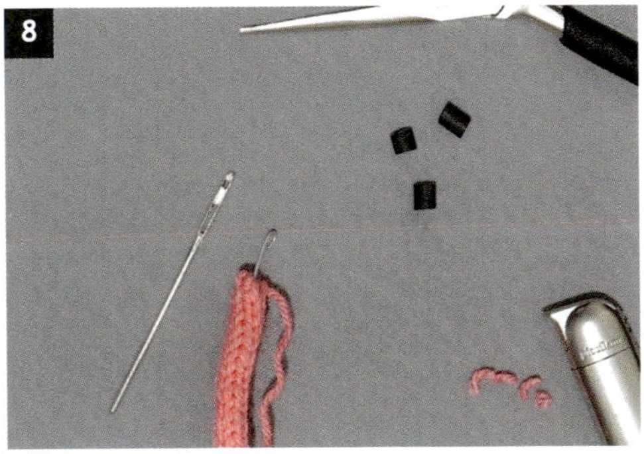

9

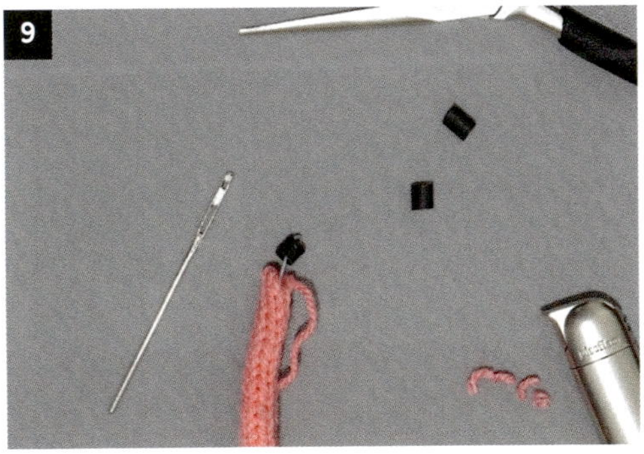

Offenes Schlauchende vernähen Hast du den Draht erfolgreich in deinen Schlauch eingeführt, vernähst du das offene Ende wie zuvor beim Beenden der Arbeit mit der Strickliesel: Mithilfe einer Stopfnadel fädelst du das kurze Fadenende durch die losen Ösen und ziehst es fest.

Oft rutscht der Draht trotz Öse aus dem Ende heraus. Um das zu verhindern, stülpst du ein kleines Stück sogenannten Schrumpfschlauch über die Öse und hältst vorsichtig ein Feuerzeug darunter. Achte darauf, dass nur die Hitze, aber nicht die Flamme den Schrumpfschlauch erreicht. Dann schrumpft er zusammen und bleibt fest um die Öse geschlungen.

TIPP

Schrumpfschläuche dienen eigentlich der Isolation von Kabeln. Es gibt sie in vielen verschiedenen Farben. Wenn du magst, kannst du also auch Schrumpfschläuche wählen, die farblich zu deinem Strickschlauch passen.

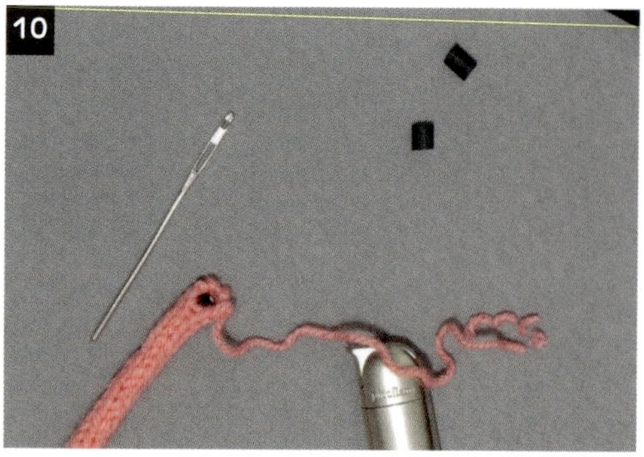

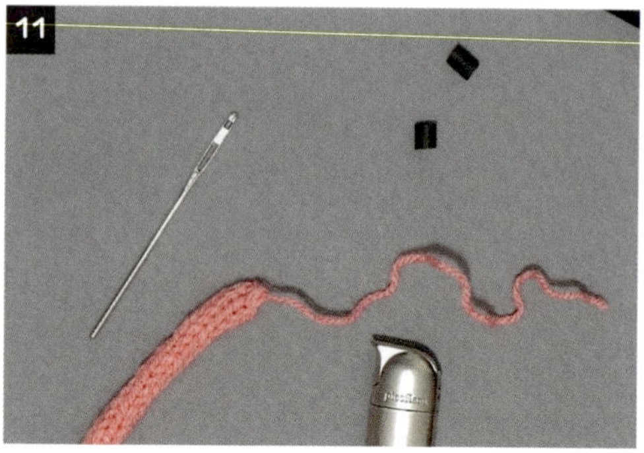

Mit einer spitzen Schere kannst du störende Ecken des Kunststoffes entfernen und die Öse wieder in den Schlauch friemeln. Nach dem endgültigen Verschließen des Schlauches durch Festziehen des Fadenendes rutscht nun nichts mehr heraus.

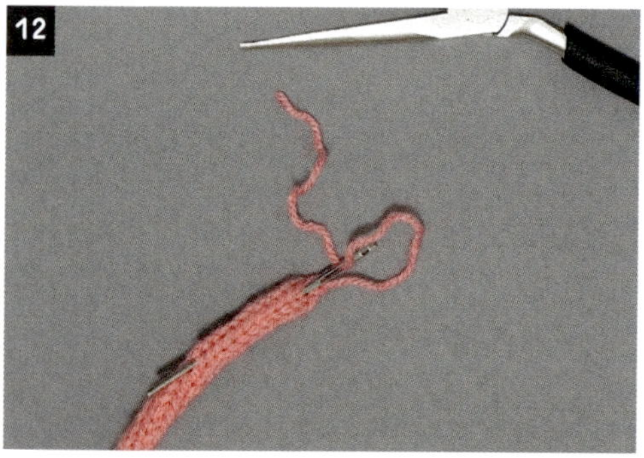

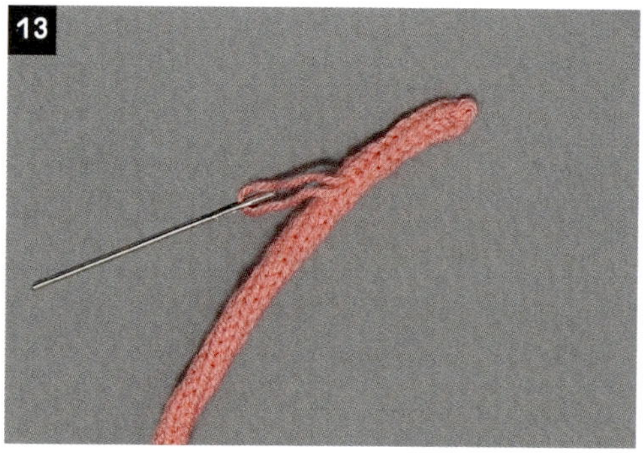

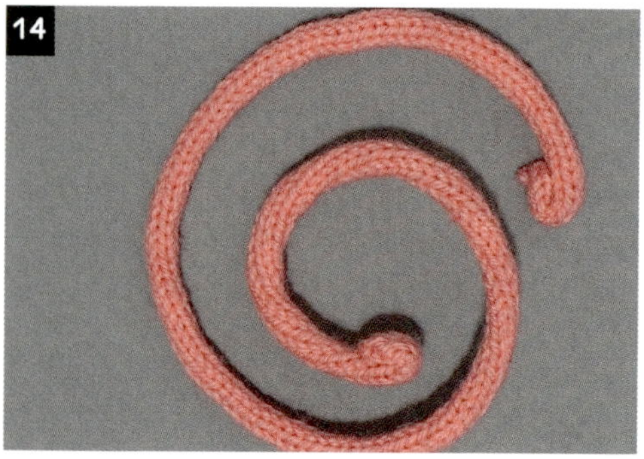

Der Abschluss Anschließend vernähst du wie immer den Faden in das Innere des Schlauches. Empfehlenswert ist es auch, die Enden des Strickschlauches mit Drahtkern einmal mit einer Zange umzubiegen, damit auch bei etwas größeren Maschenlöchern wirklich nichts mehr verrutscht.

GEKAUFTEN STICKSCHLAUCH MIT DRAHTKERN VERARBEITEN

Im Fachhandel findest du Strickschlauch in vielen Farben und unterschiedlichen Stärken, mit Draht und ohne Draht. Nicht immer heißt er dort auch Strickschlauch. Eine geflochtene Kordel (statt einer gedrehten) ist oft ebenso hohl, auch werden Garne unter dem Namen Hohlkordel angeboten. Es gibt gefütterte Strickschläuche oder sogar welche aus Papier. Mit gekauftem Strickschlauch kannst du sofort loslegen und Projekte in die Tat umsetzen.

Fertiger Strickschlauch mit Draht ist zumeist zusätzlich gefüttert. Wegen der speziellen Flechtart und Fütterung wird er für die Projekte in unserem Buch etwas anders verarbeitet als der selbst Gestrickte.

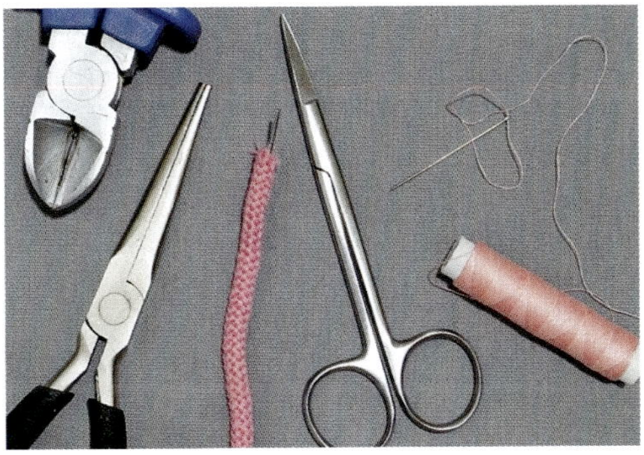

WAS DU BRAUCHST

Strickschlauch MIT Drahtkern, spitze Schere, Seitenschneider (Drahtzange), Zange zum Biegen, Nadel & Garn in passender Farbe

Strickschlauch von der Rolle abwickeln. Draht etwas kürzer abknipsen und mit einer Öse versehen, sodass er komplett im Schlauch verschwinden kann. Oft ist das Schlauchende etwas ausgefranst, hier sauber abschneiden.

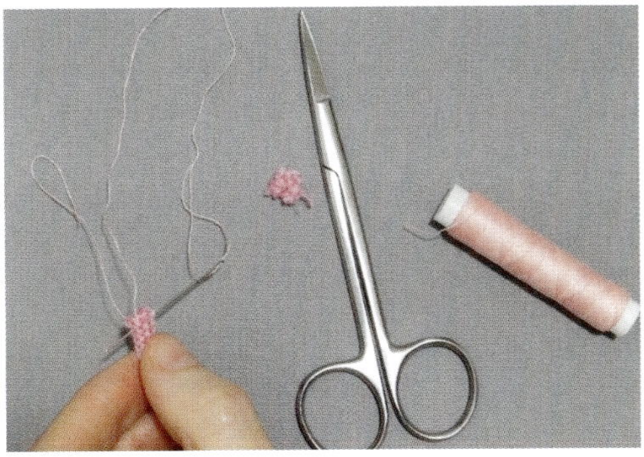

Vernähe das Ende des Strickschlauches mit einem dünnen Garn, das du im Inneren des Schlauches verschwinden lässt. Zur Sicherung biegst du das Ende um.

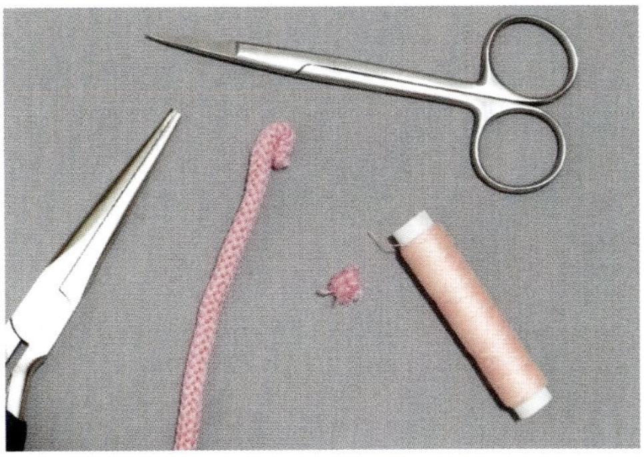

MOTIVE LEGEN

Der Vorteil von Strickschläuchen mit Drahtkern ist, dass sich damit frei Hand oder mithilfe einer Vorlage Motive biegen lassen. Oft kannst du sofort loslegen. Manchmal ist es aber gut zu wissen, wie viel Material du brauchst. Zum Abschätzen legst du eine Schnur wie ein Metermaß entlang der Linie des Motivs auf die Vorlage vom Start- bis zum Endpunkt. Die Länge der benötigten Schnur ist die Vorgabe für deinen Schlauch. Da dieser jedoch voluminöser ist, verbraucht er mehr Material in den Biegungen. Rechne also noch ein paar Zentimeter hinzu.

Genau so, wie du die Schnur entlang der Vorlagenlinie gelegt hast, legst und biegst du für dein Motiv den Schlauch zurecht. Arbeite dich einfach Schritt für Schritt vor. Zum Schluss kannst du kleine Korrekturen vornehmen.

Die Vorlagen aus diesem Buch können je nach Bedarf größer oder kleiner kopiert werden. Du kannst Motive auch spiegeln. Und variieren ist immer erlaubt.

Alle Vorlagen finden Sie unter DOWNLOADS auf der Website www.verlagshaus24.de/deko-ideen-aus-strickschlauch

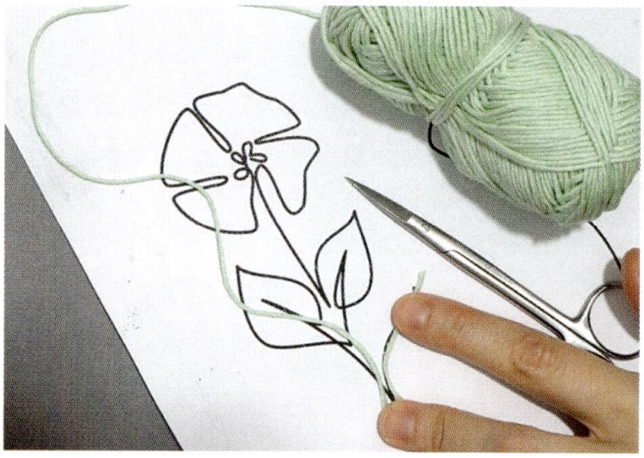

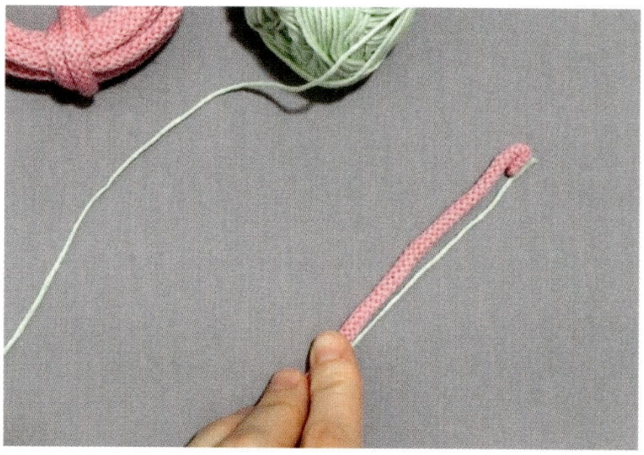

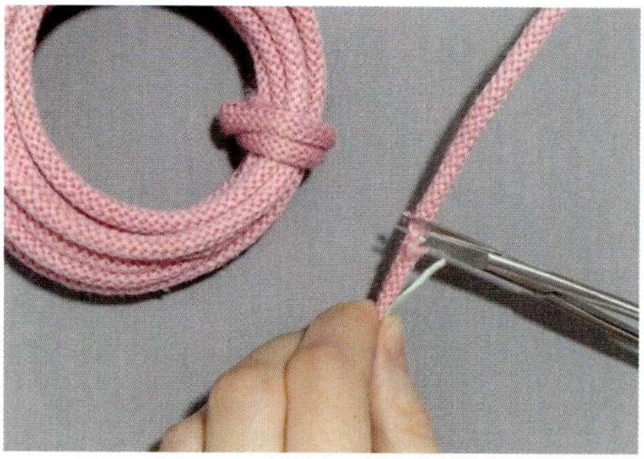

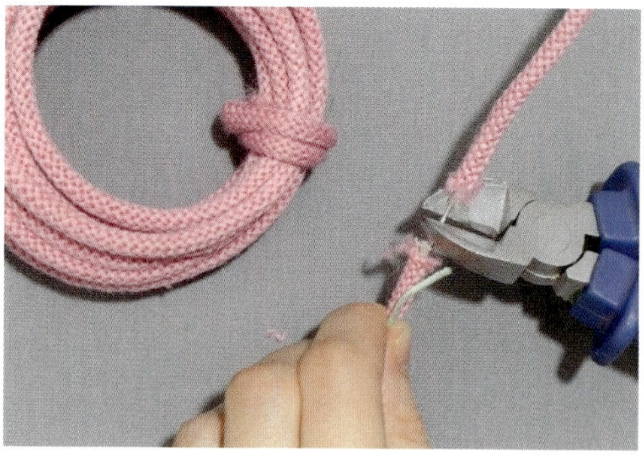

DIE PROJEKTE

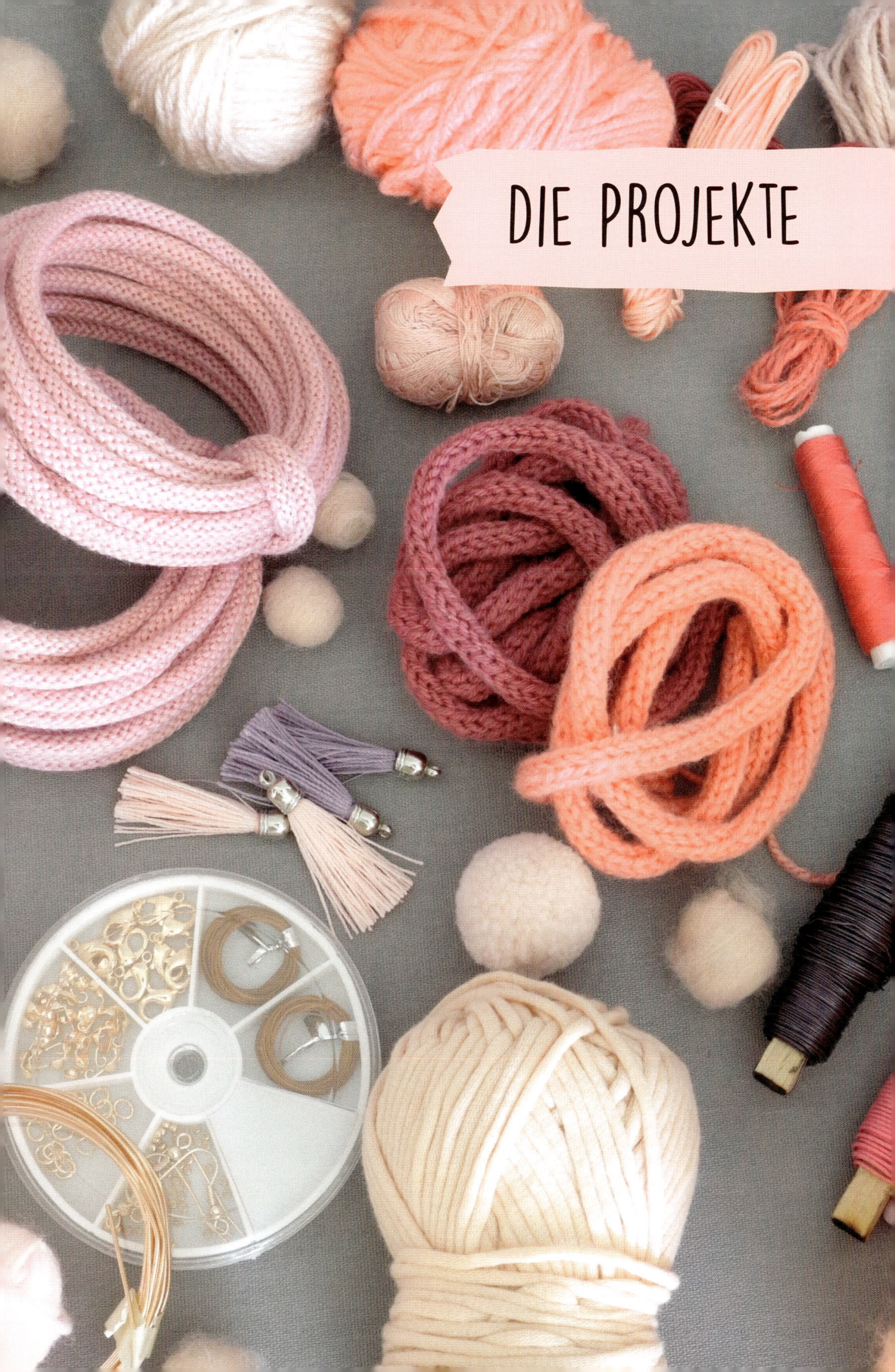

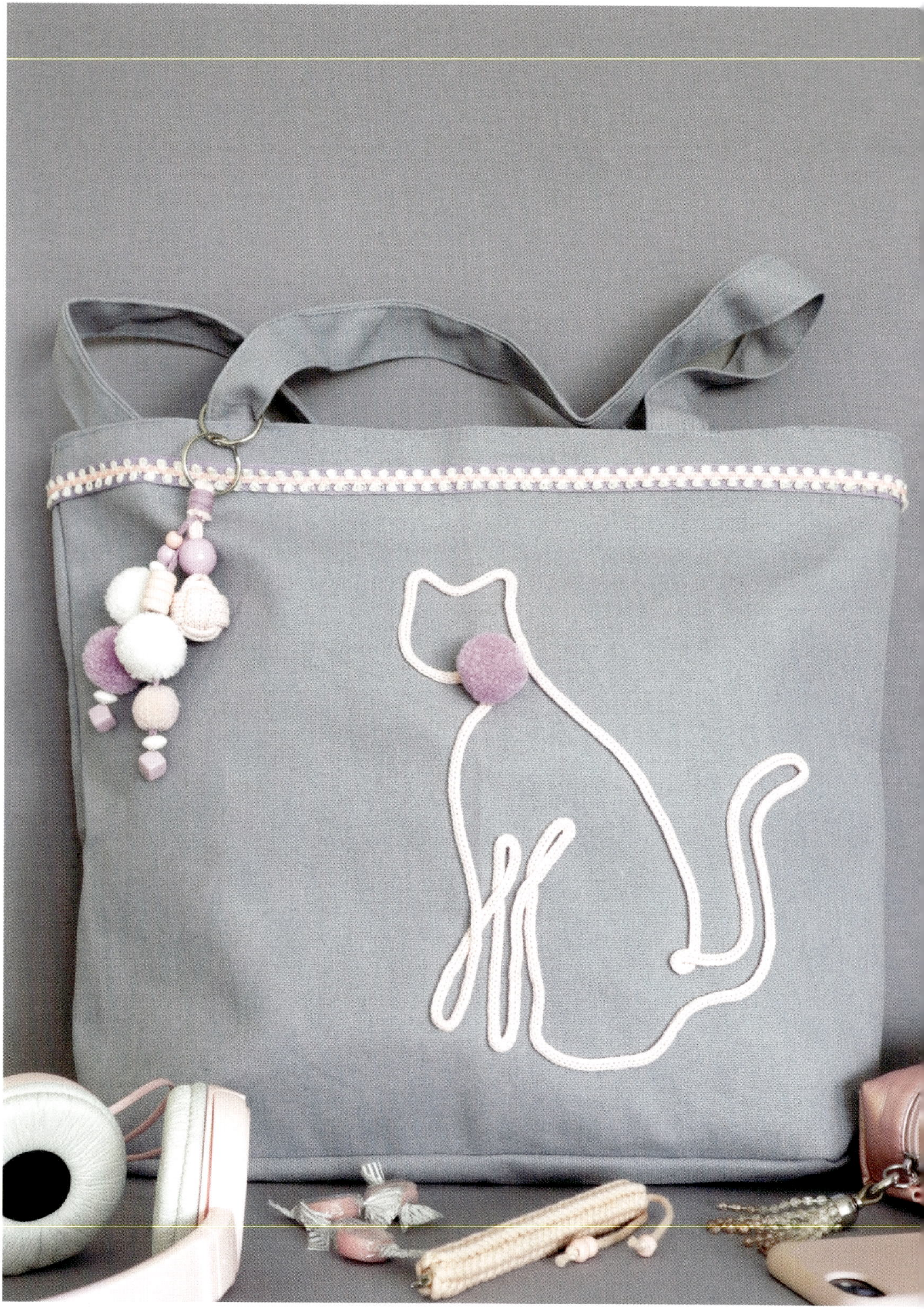

TASCHE MIT KATZENMOTIV & AFFENFAUST-ANHÄNGER

(ALTERNATIV MIT HUNDEVORLAGE!)

In diesem ersten Projekt wird ein Motiv mit Strickschlauch ohne Drahtkern auf eine Tasche aufgenäht. Es ist ein One-Line-Motiv, d. h. du arbeitest hier ohne Unterbrechungen und dein Bild besteht nur aus einer Linie. Zusätzlich zeige ich dir einen spannenden Knoten, die sog. Affenfaust, für den Taschenanhänger.
Suche dir eine Farbkombination aus, die dir gefällt. Vielleicht findest du noch Borten, Bänder und Pompons in deinem Vorrat, um die Tasche weiter zu verzieren.
Wie du dir Pompons selbst herstellst, erfährst du auf Seite 40. Wenn du lieber Hunde als Katzen magst, nutze einfach die alternative Vorlage. Eine weitere Taschenvariation findest du übrigens auf Seite 84.

ONE-LINE-MOTIV AUF TASCHE

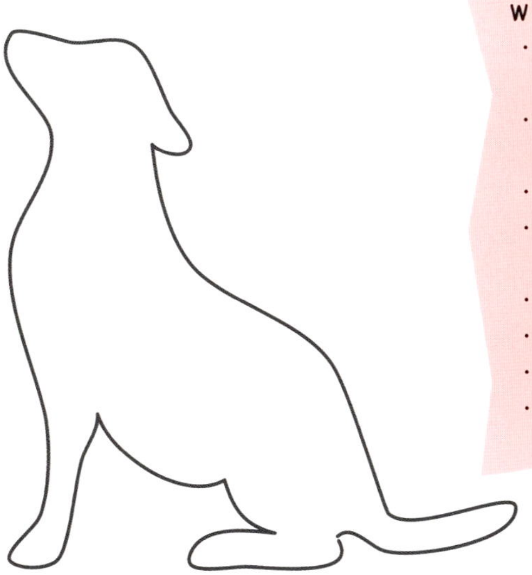

WAS DU BRAUCHST

- Vorlage (z. B. Katze, Hund oder jedes andere Motiv deiner Wahl)
- Transferpapier für Stoff & Kugelschreiber
- Tasche
- farblich passendes Nähgarn & eine Nähnadel
- Borten, Bänder & Co.
- Strickschlauch ohne Drahtkern
- optional: Stoffkreide
- optional: Stecknadeln

WIE ES GEHT

1

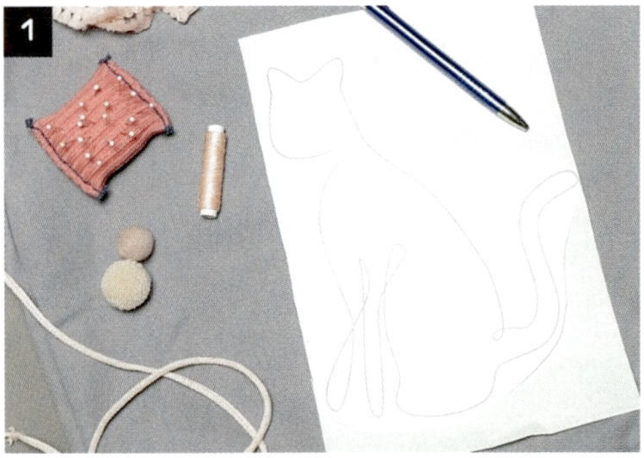

2

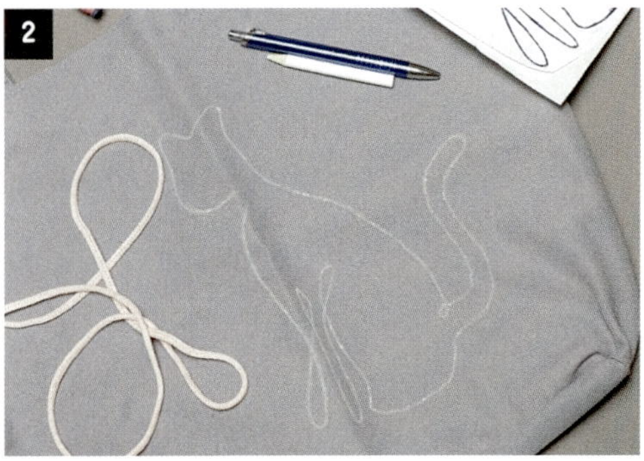

3

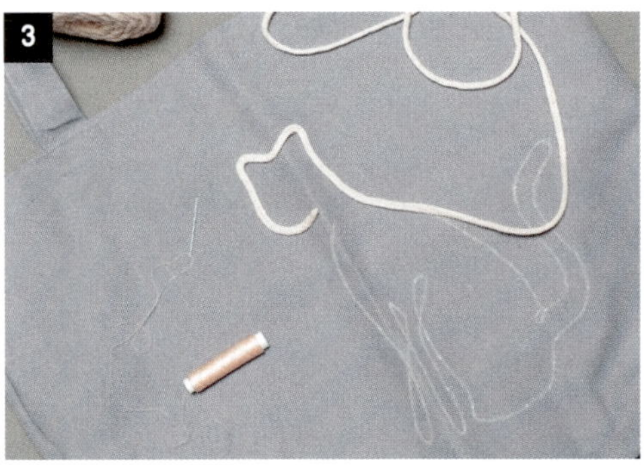

4

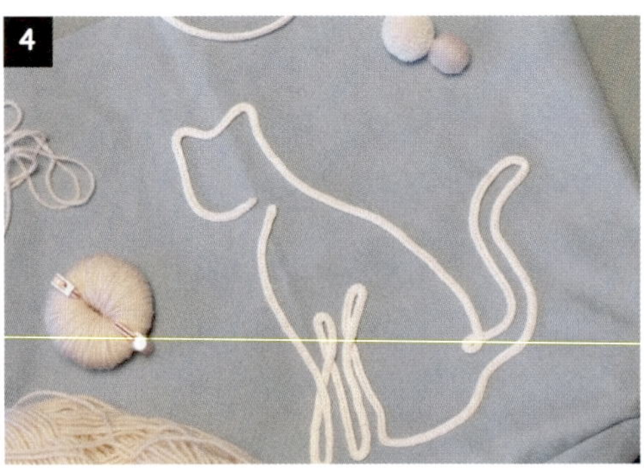

1.–2. Mithilfe der kopierten Vorlage und dem Transferpapier überträgst du das Motiv auf die Tasche. Je nach Art des Taschenstoffes ist der Abdruck mehr oder weniger gut zu sehen. Ist er nur sehr schwach erkennbar, fahre die Linie mit Stoffkreide nach.

3.–4. Nun beginnst du, mit Nadel und Faden den Strickschlauch auf den Stoff der Tasche zu nähen. Verwende dafür kurze Auf-und-ab-Stiche und nutze als Einstichstellen die vorhandenen Löcher in den Maschen des Strickschlauches. So fällt das Nähgarn so gut wie gar nicht auf. Wenn es dir hilft, kannst du dir den Strickschlauch mit Stecknadeln fixieren. Es ist auch möglich, sich in kleinen Schritten und ganz ohne Fixierung vorzuarbeiten. Hierfür überprüfst du die korrekte Platzierung des Schlauches auf der Markierung während des Festnähens immer wieder neu.

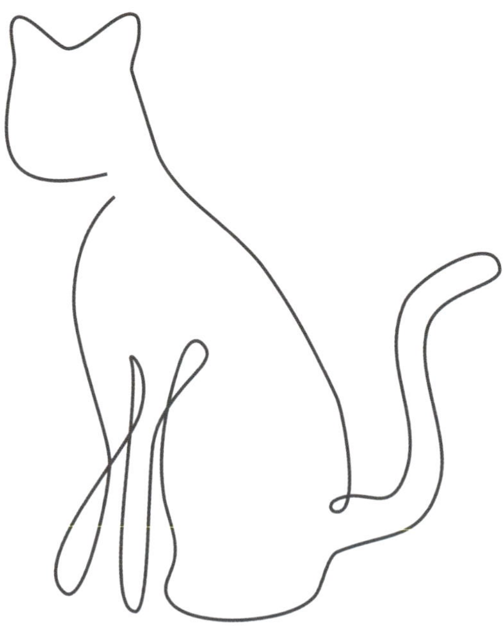

ANHÄNGER FÜR DIE TASCHE – AFFENFAUST

WIE ES GEHT

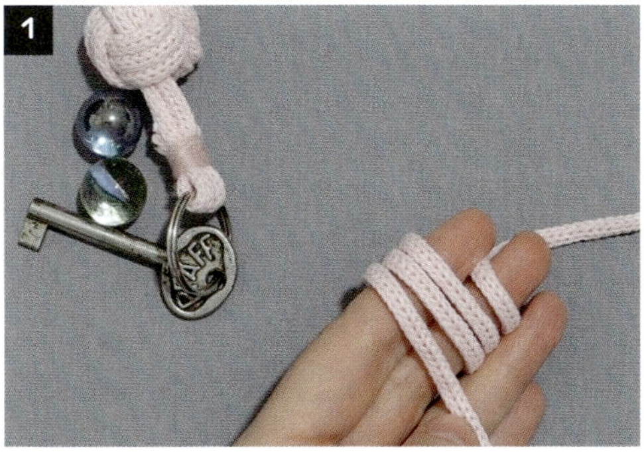

1

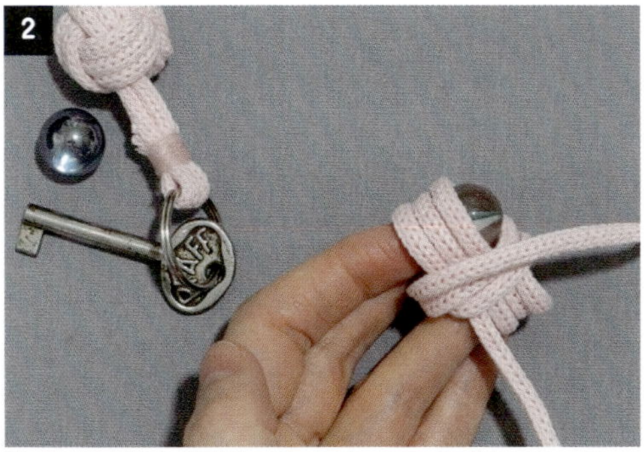

2

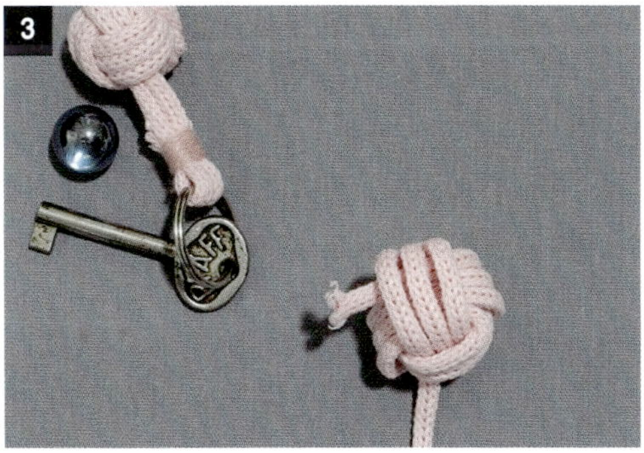

3

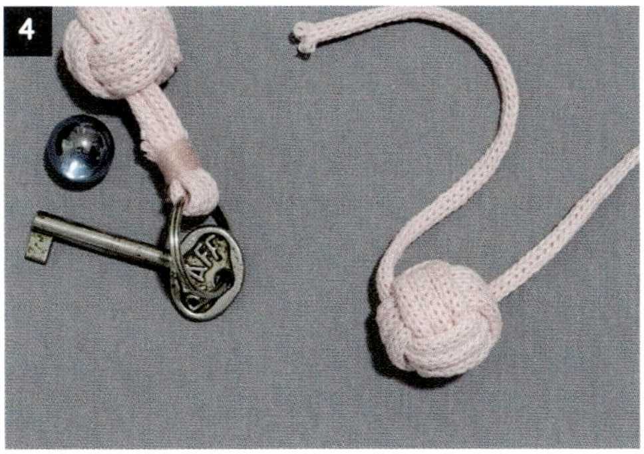

4

WAS DU BRAUCHST

Strickschlauch ohne Drahtkern (z. B. 100 cm bei 0,4 cm Ø), deine Hand, Glasperle (od. andere Kugel, 16 mm Ø), Schlüsselring, dickes Stickgarn (in einer zweiten Farbe), nach Belieben Pompons & Perlen, lange spitze Nadel, Häkelnadel, Schere

1. Lege das kurze Ende des Strickschlauches auf die Innenseite der Finger und wickle ihn nun mit dem langen Ende dreimal um deinen Zeige- und Mittelfinger herum. Starte noch eine ‚viertel' Runde den Mittelfinger hoch.

2. Die nächsten drei Runden werden nun im rechten Winkel um die ersten drei herumgeschlungen. Bist du hiermit fertig, legst du in den entstandenen Hohlraum vorsichtig die Kugel hinein.

3.–4. Nun schlägst du weitere drei Runden um die Runden aus Schritt 2 herum und gleichzeitig zwischen denen aus Schritt 1 hindurch. Anschließend ziehst du den Schlauch gleichmäßig um die Kugel herum fest. Gehe den Schlauch dafür in der gleichen Reihenfolge ab, wie du ihn herumgeschlungen hast.

WICKELKNOTEN

WIE ES GEHT

1
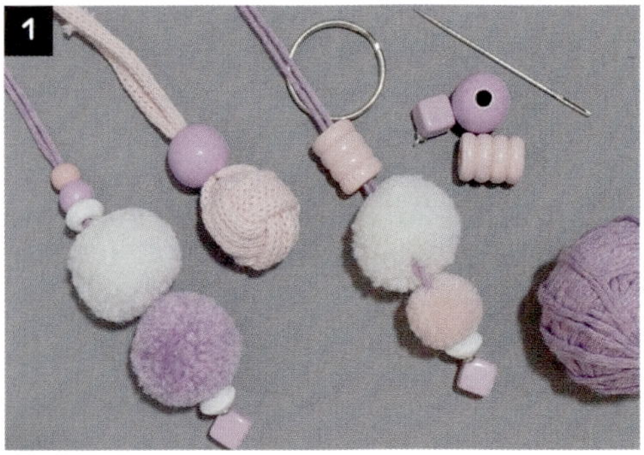

2
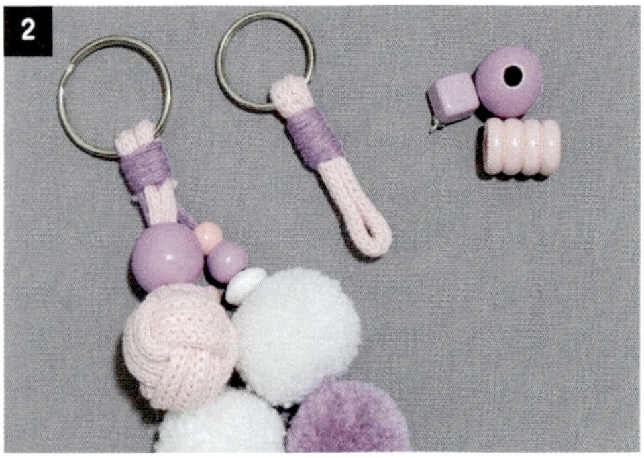

3
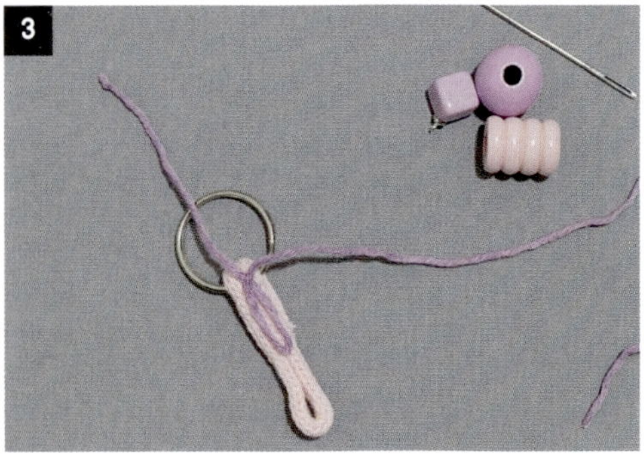

1. Der Anhänger der Tasche besteht aus drei Elementen. Eines davon ist die Affenfaust, auf deren Schnurenden du eine Perle platzierst. Die anderen beiden Elemente bestehen aus mit Stickgarn aufgefädelten Perlen und Pompons. Diese gestaltest du ganz nach deinem Geschmack.

2. Die drei Elemente schlägst du nun mit ihren offenen (Garn-/Schlauch-)-Enden gemeinsam um einen Schlüsselring herum. Die folgenden Bilder zeigen den Wickelknoten an einem vereinfachten Schnurbeispiel ohne den Kladderadatsch, damit die Schritte besser zu erkennen sind. Denke dir in den nächsten Schritten Affenfaust, Perlen und Pompons am unteren Ende dazu.

3.–5. Auf deine herumgeschlungenen Strickschläuche und Schnüre legst du das Stickgarn als eine schmale Schlaufe, und zwar so, dass das kurze Ende nach oben zeigt und das lange nach rechts. Mit dem langen Ende umwickelst du mehrmals die Schläuche und Garne – und das sehr fest. Der unterste Teil des Stickgarns (die Schlaufe) bleibt sichtbar.

4
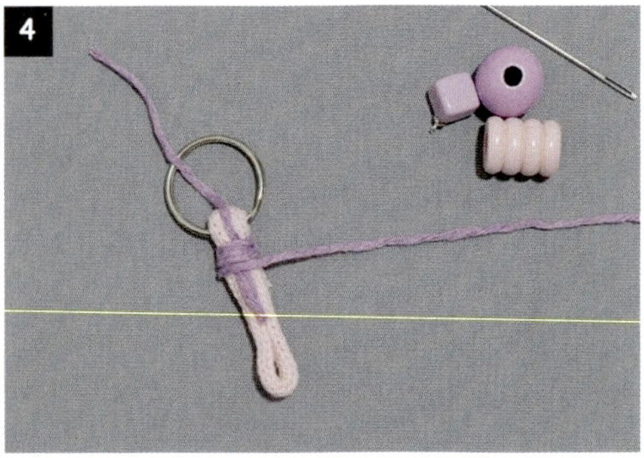

5
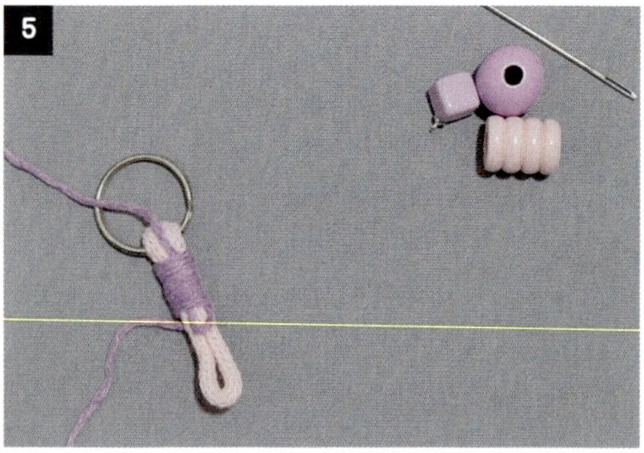

6
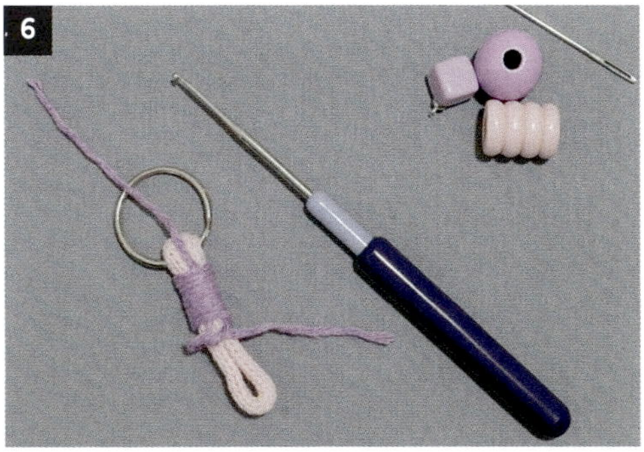

7
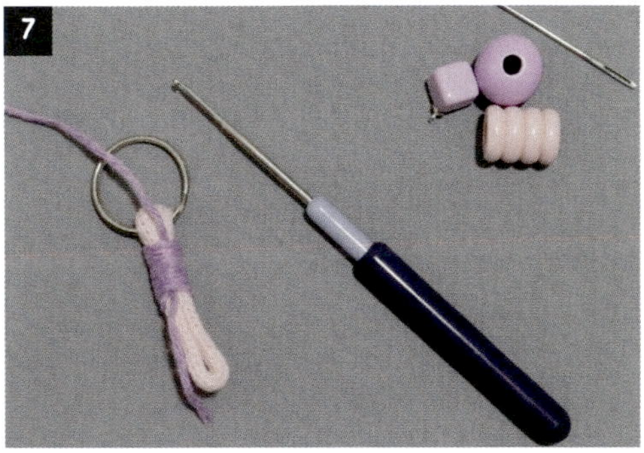

8
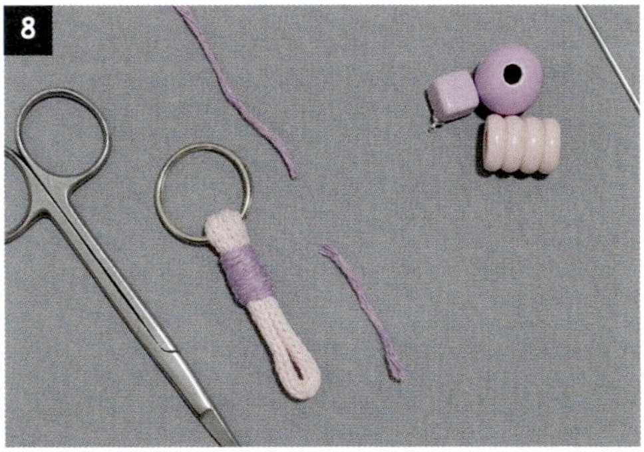

9
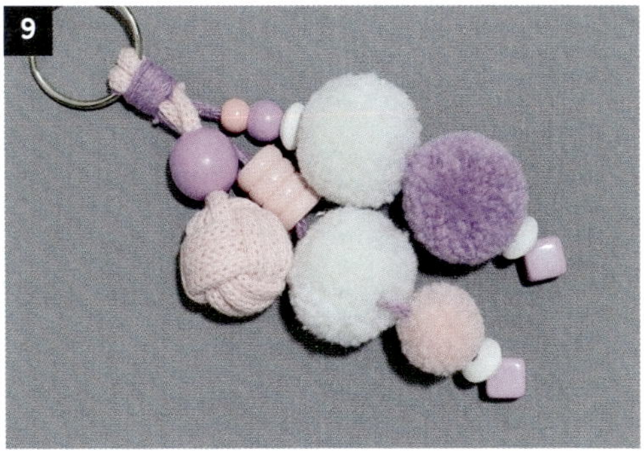

6. Das Ende der langen Schnur ziehst du nun durch die untere kleine Öse (eine Häkelnadel oder Ähnliches kann hierbei helfen).

7. Durch Ziehen am oberen und unteren Ende wird der entstandene Knoten (versteckt unter den Umwicklungen) fest.

8. Schneide die Enden des Wickelknotens knapp über und unter den Umrundungen ab.

9. Fertig ist der Anhänger. Du kannst ihn nun an deiner One-Line-Motivtasche befestigen.

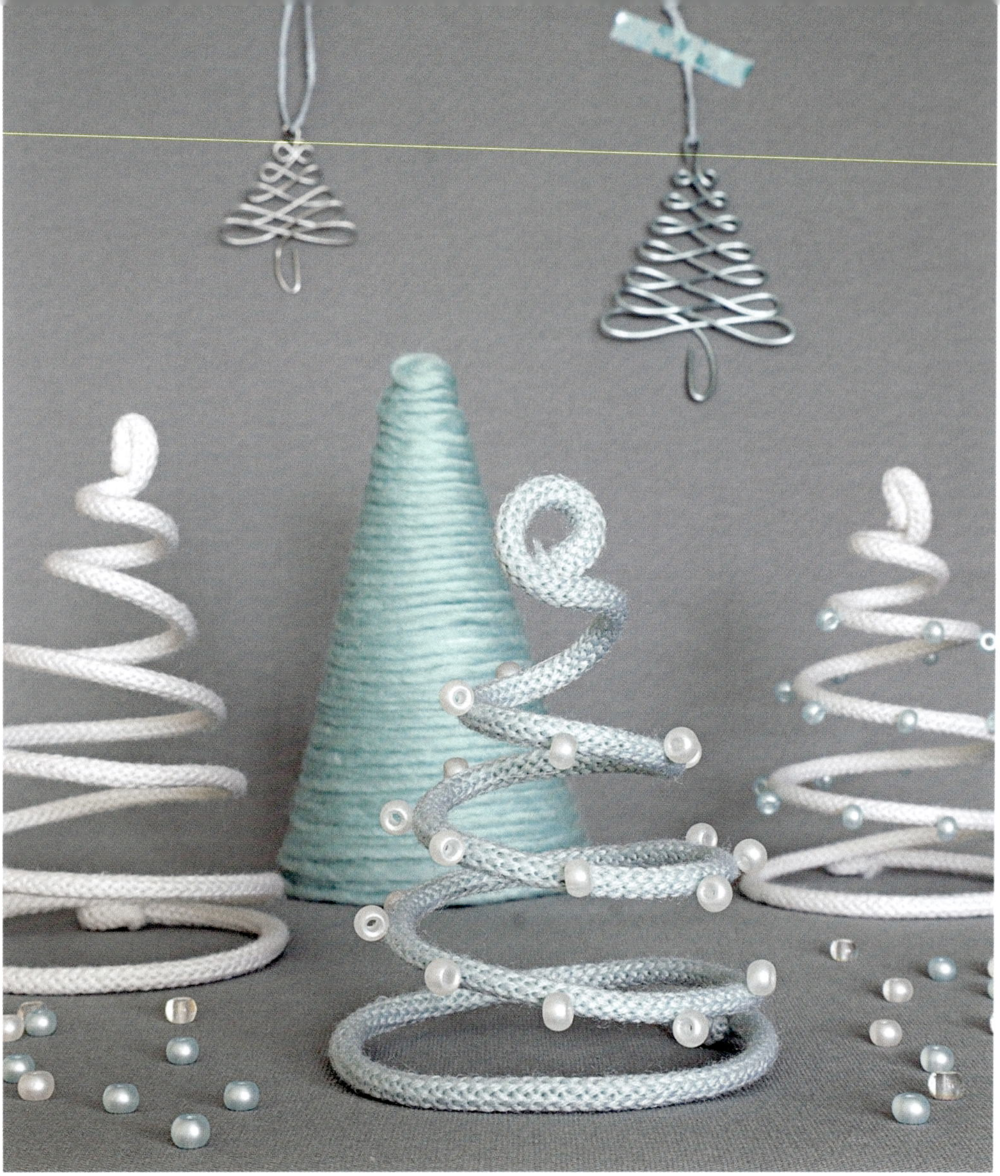

WEIHNACHTSBAUM

Dieses Projekt ist schnell umgesetzt, eignet sich für Groß und Klein gleichermaßen und macht, einzeln oder gleich als ganzer Winterwald, ordentlich was her.

WIE ES GEHT

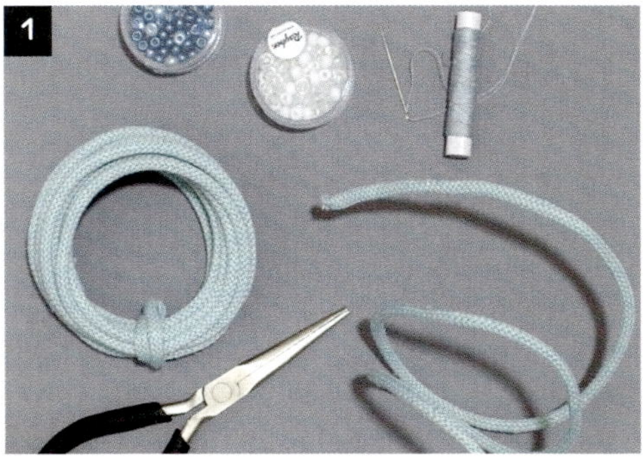

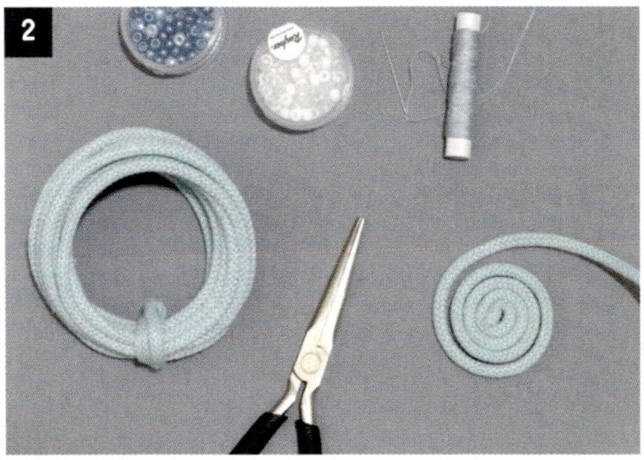

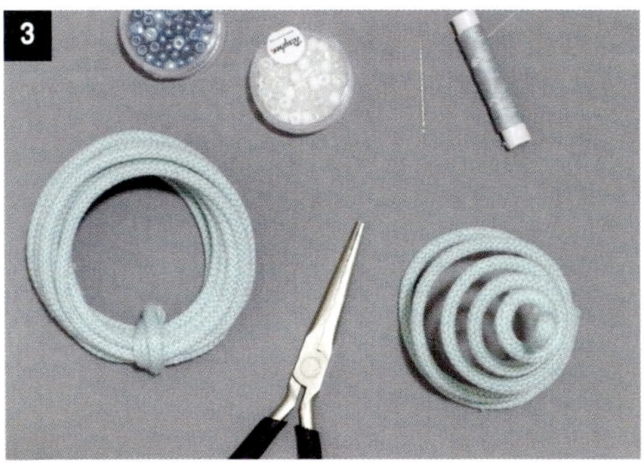

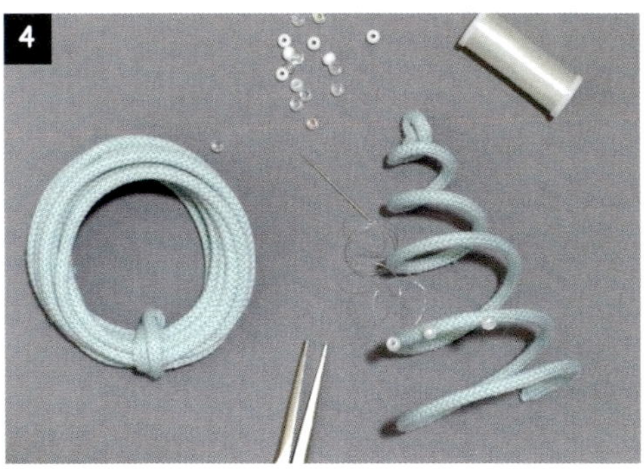

WAS DU BRAUCHST

Strickschlauch mit Drahtkern, Zange, Seitenschneider, Scheren, Nähnadel, Nähgarn in Strickschlauchfarbe, Perlen nach Wahl, durchsichtiger Nylonfaden

1.–2. Schließe den Beginn des Strickschlauchs wie im Theorieteil erläutert. Biege ihn nun wie ein Schneckenhaus zu einer Spirale, beginnend in der Mitte, nach außen größer werdend. Für einen kleinen Baum endest du bei einem Spiraldurchmesser von ca. 6 cm, für einen größeren Baum bei 8 cm. Vernähe das Ende.

3. Hebe die Biegung in der Spiralmitte nach oben und ziehe die Spirale nach oben heraus.

4. Ziehe den nun entstehenden Baum in Form und nähe mithilfe des Nylongarns die Perlen fest. Das Nylongarn wird für die Abschnitte zwischen den Perlen im Schlauch entlanggeführt. Auch Anfang und Ende werden im Inneren versteckt.

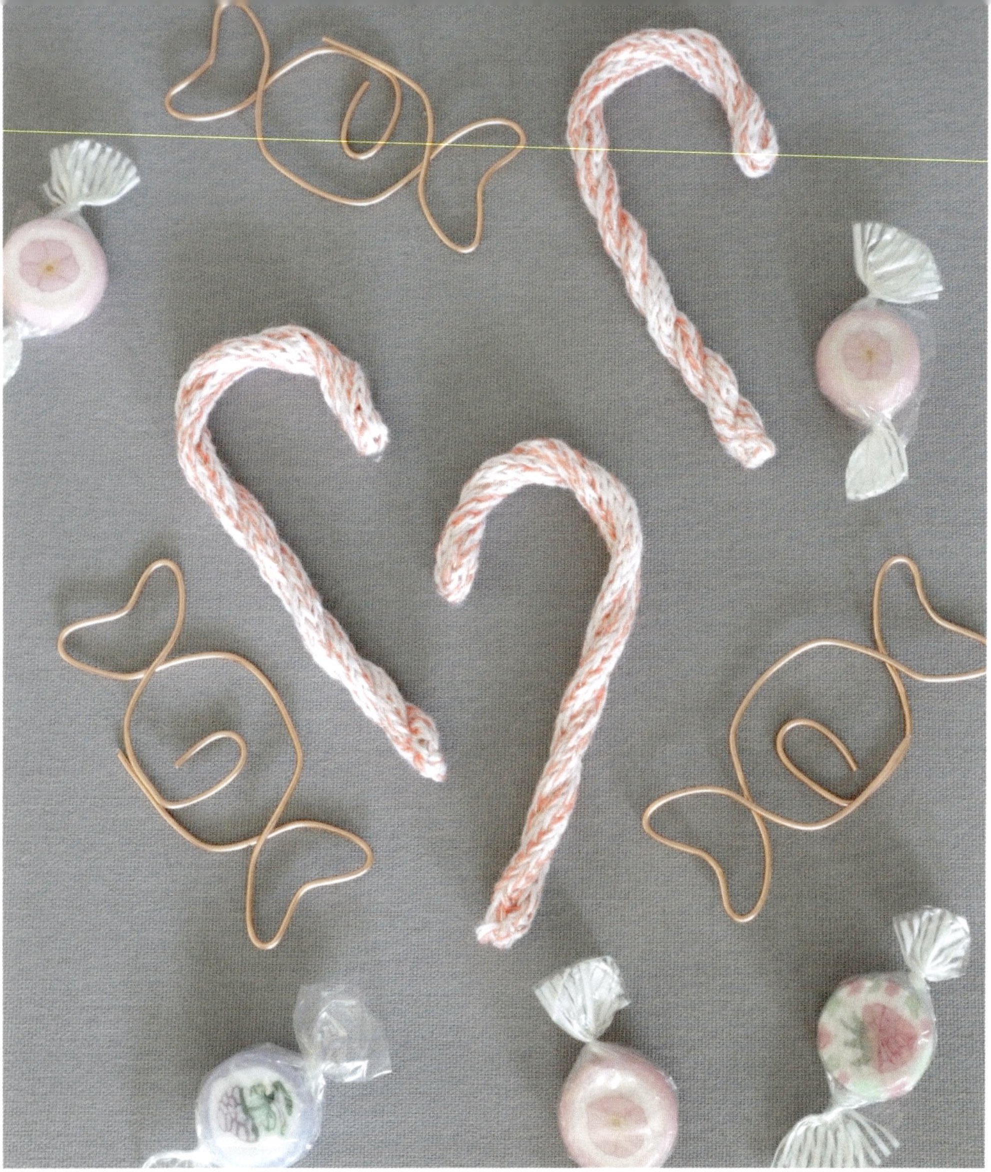

ZUCKERSTANGEN

Diese Stängchen sind schon deshalb eine gesunde Alternative zu den Naschereien aus (fast) purem Zucker, weil sie garantiert nicht zum Aufessen verführen. Das macht sie perfekt zum Verzieren von Weihnachtsgeschenken oder als lässige Weihnachtsbaum-Anhänger. Das Beste ist: Sie sind ganz fix gezaubert.

WIE ES GEHT

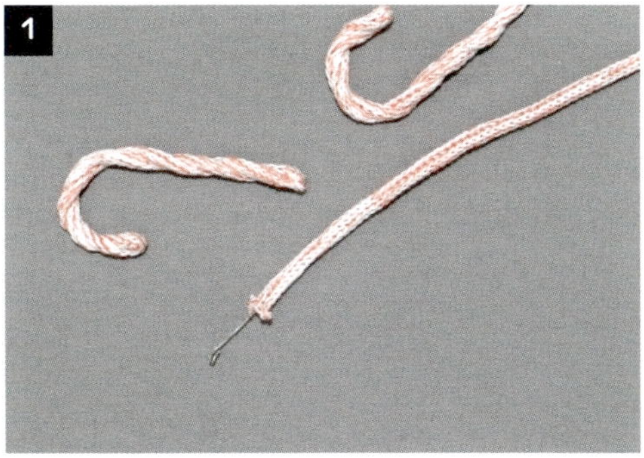

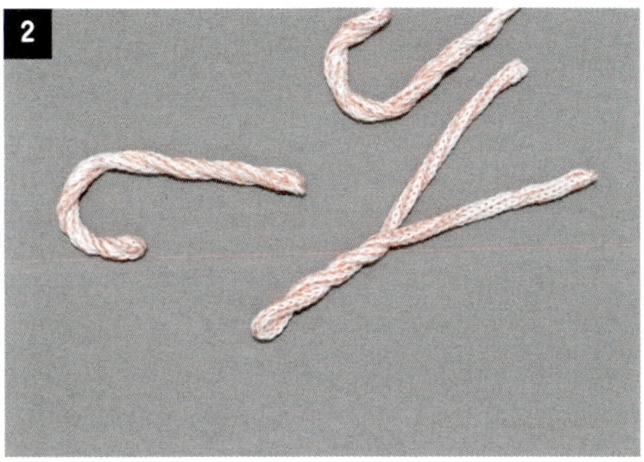

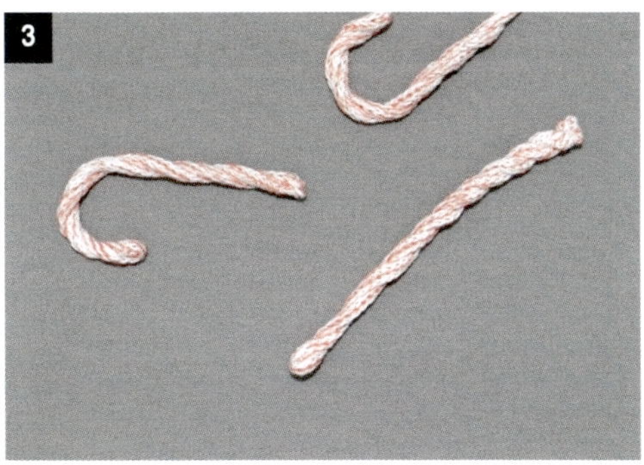

WAS DU BRAUCHST

Strickschlauch & Draht, vernäht 16 cm lang; weihnachtliche Vorfreude

1. Falls du selbst gemachten Schlauch nimmst, verpacke den Draht darin, wie im Theorieteil beschrieben.

2. Biege den Draht in der Mitte, um ihn nun mit sich selbst zu verdrehen.

3. Verdrehe weiter, bis du am Ende angekommen bist, biege abschließend den für eine Zuckerstange typischen Haken.

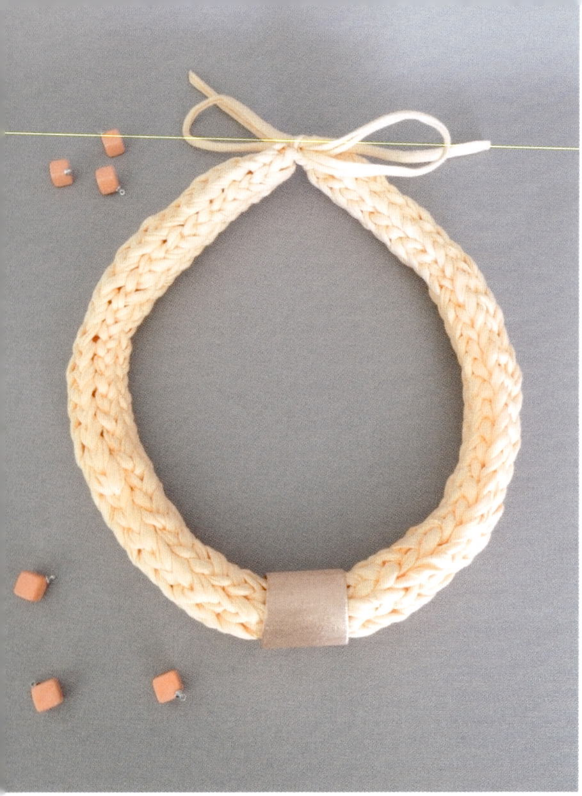

KETTEN & ARMBÄNDER

Statementketten machst du dir ab heute selbst. Schnell und simpel entsteht so deine ganz individuelle Schmuckkollektion.

WAS DU BRAUCHST

Papprolle (z. B. leere Toilettenpapierrolle), 6 Foldback-Klammern, Textilgarn, Reste eines Kupferrohrs, optional: große Perle

1. Baue dir eine XXL-Strickliesel, indem du die Klammern gleichmäßig verteilt an den oberen Rand der Papprolle klemmst. Lasse einen langen Anfangsfaden und stricke nun einen Schlauch aus Textilgarn. Teste ab und zu die Länge an deinem Hals. Stricke lieber einen etwas zu langen Schlauch. Kürzen kannst du zum Schluss nach nochmaligem Anpassen. Lasse auch beim Beenden einen ausreichend langen Faden, denn die Kette wird mit einer Schleife durch Anfangs- und Endfaden verschlossen.

2. Upcycling ist ein Statement (und was für ein geniales!), deshalb kommt in unserem Beispiel als Anhänger ein Kupferrohr-Rest zum Einsatz. Rau angeschliffen wird die Oberfläche roségold. Du kannst dir aber auch ganz andere Möglichkeiten für einen Anhänger einfallen lassen.

1

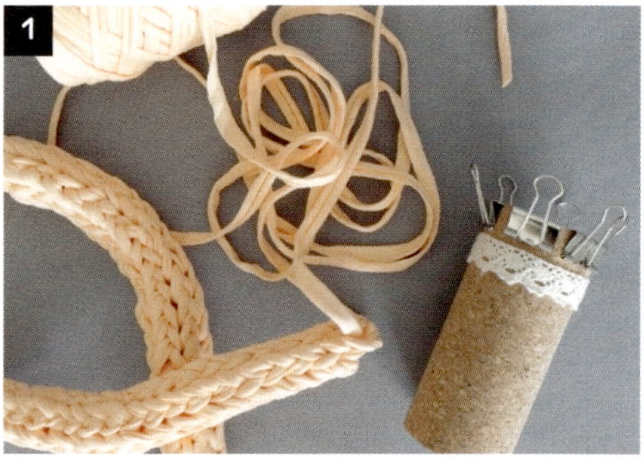

2

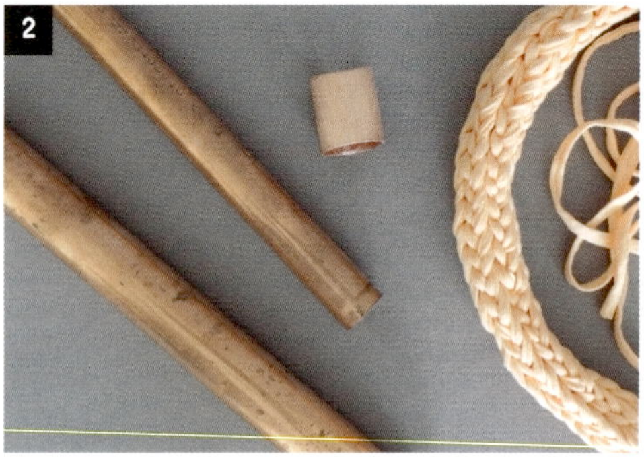

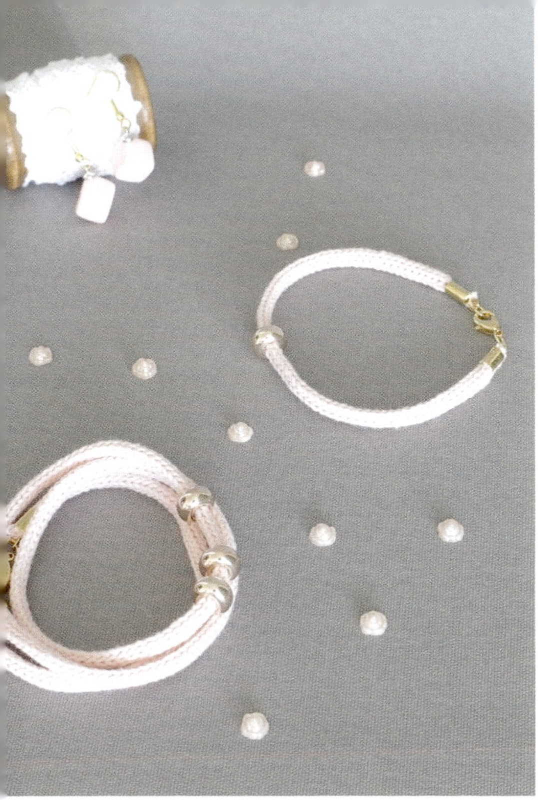

FILIGRANE ARMBÄNDER

Auch für filigrane Ohrringe und Armbänder ist Strickschlauch ein tolles Schmuckdesign.

WAS DU BRAUCHST

fertiger Strickschlauch ohne Drahtkern, 4 mm Ø; Schere; Schmuckverschluss zum Klemmen mit Karabiner, goldfarben, für 2 mm Ø Band; Schmuckkleber; Perlen nach Wahl

1. Schneide dir Strickschlauch-Stücke in passender Länge zurecht. Teste die Länge an deinem Handgelenk aus. Du kannst Armbänder herstellen, die eine oder auch mehrere Umdrehungen um dein Handgelenk machen. Klemme nun den Strickschlauch in einen der Verschlüsse.

2. Ziehe die Perlen auf den Schlauch und klemme das andere Ende am zweiten Verschluss fest.

1

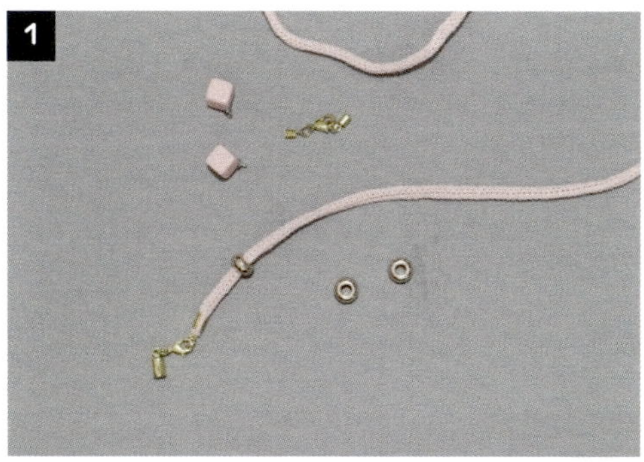

2

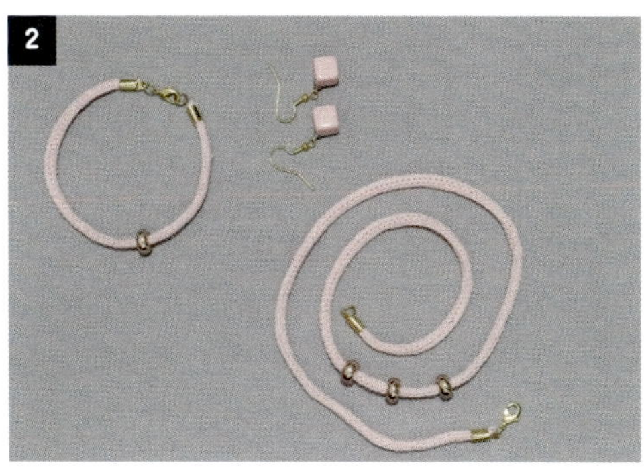

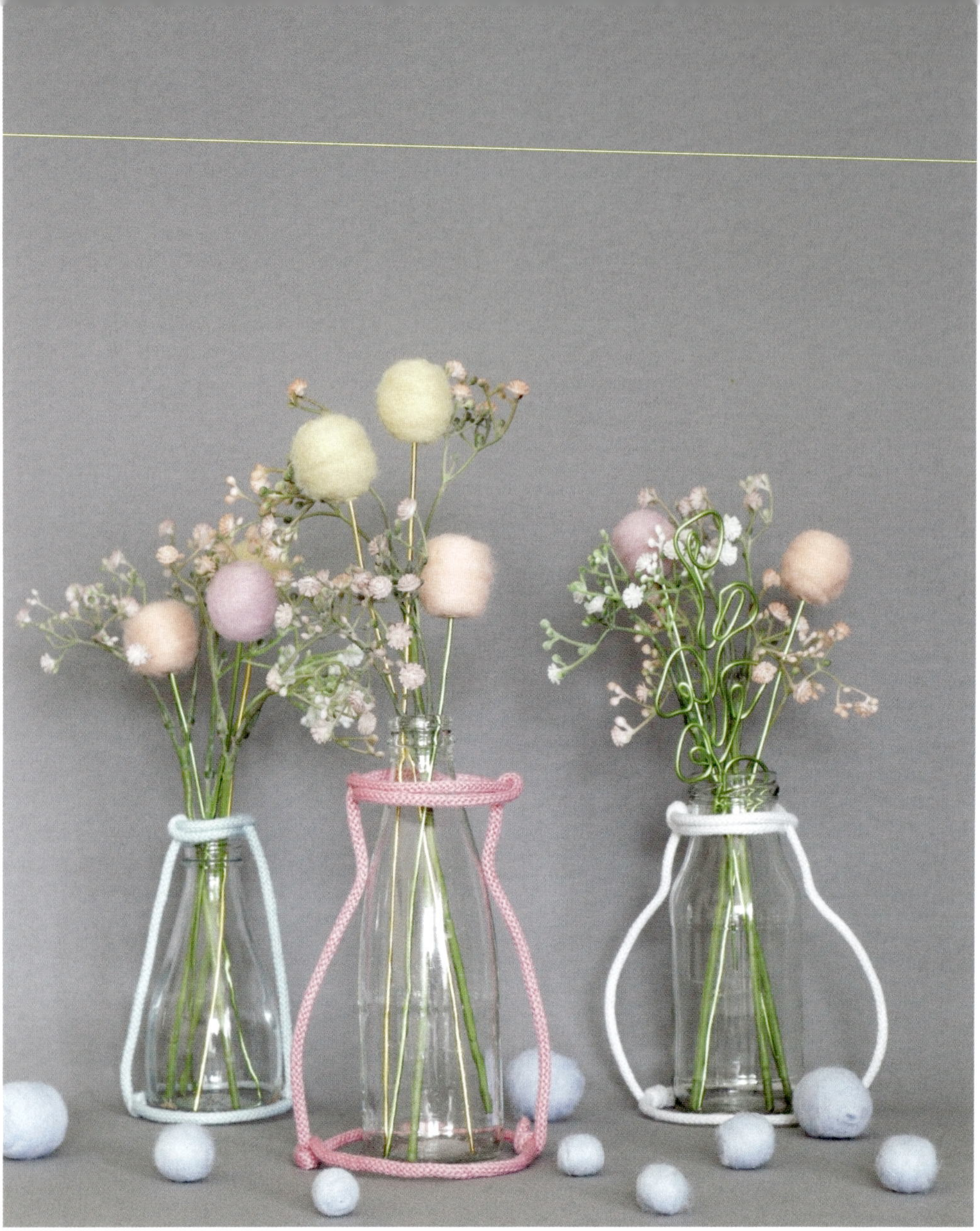

VASEN AUS ALTGLAS

Eine hübsche Aufwertung für Dinge, die eigentlich im Müll landen würden, und ein schönes Projekt für alle Upcycler:innen und die, die es noch werden wollen.

WIE ES GEHT

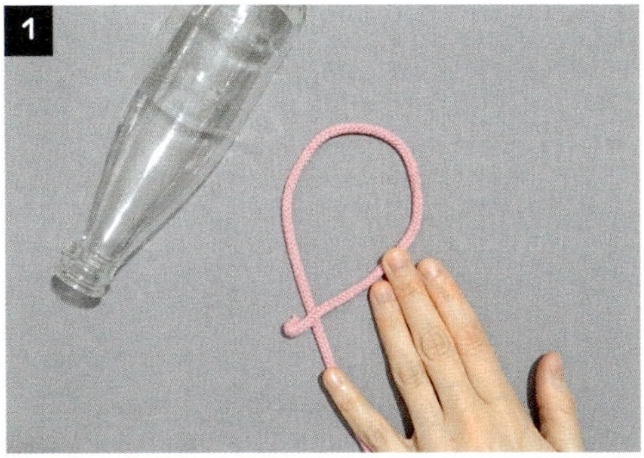

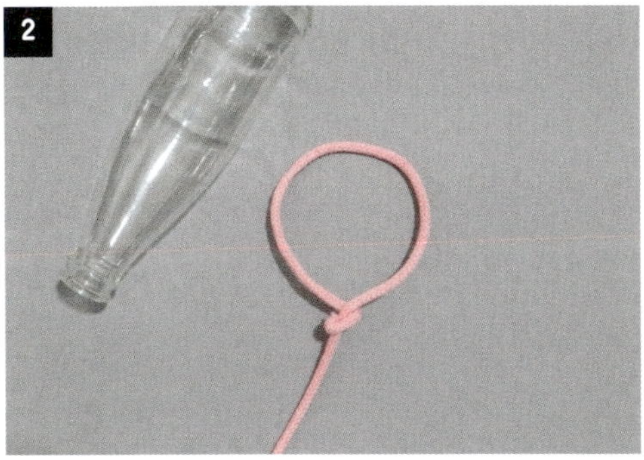

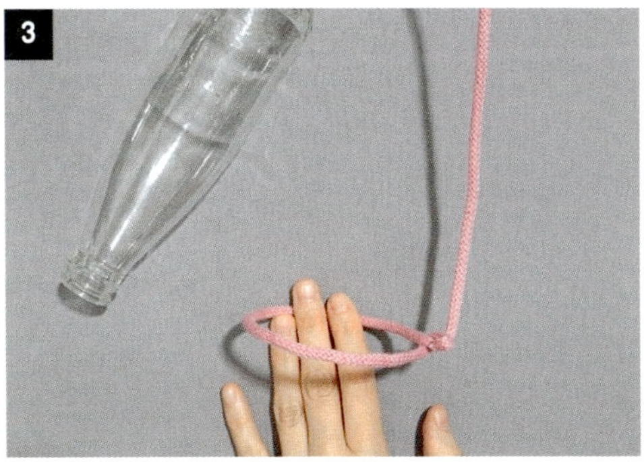

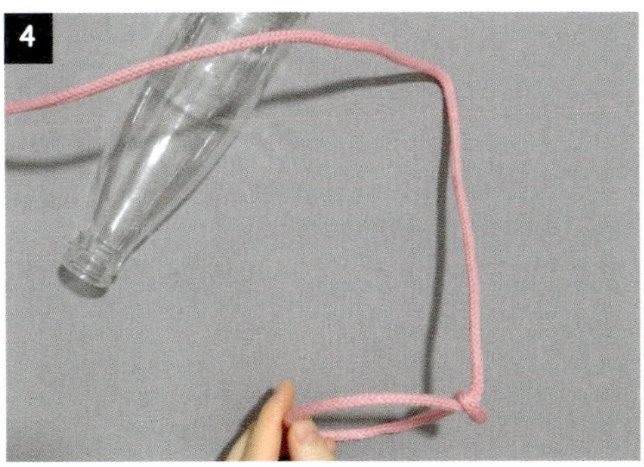

WAS DU BRAUCHST

Strickschlauch mit Drahtkern, ca. 1 Meter lang; Zange; Seitenschneider; Scheren; Nähnadel; Nähgarn in Strickschlauchfarbe; Altglas, z. B. kleine Flaschen; optional: formbarer Aludraht, 2 mm Ø, in Hellgrün & Gold; optional: Vorlage Eukalyptus; optional: Filzpompons in Blütenfarben; Schmuckkleber

1.–2. Du beginnst mit einer Schlaufe, die du zu einem Kreis biegst. Dieser Ring sollte etwas größer werden als der Durchmesser des Flaschenbodens.

3.–5. Als Nächstes biegst du den Draht im rechten Winkel nach oben. Teste anhand der Höhe deines Glasgefäßes, wie lang dein Draht werden muss. Möchtest du zusätzliche Biegungen und Wölbungen einbauen, muss dieser Abschnitt noch länger werden. Oben angekommen, biegst du nun – im rechten Winkel weggehend – den oberen Ring, der etwas größer als dein Flaschenhals ist.

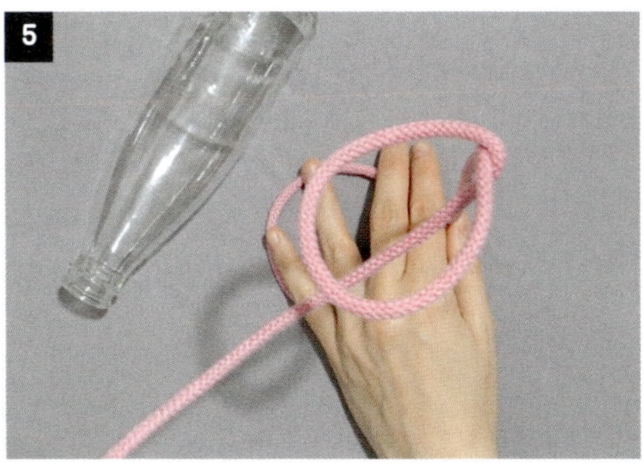

6
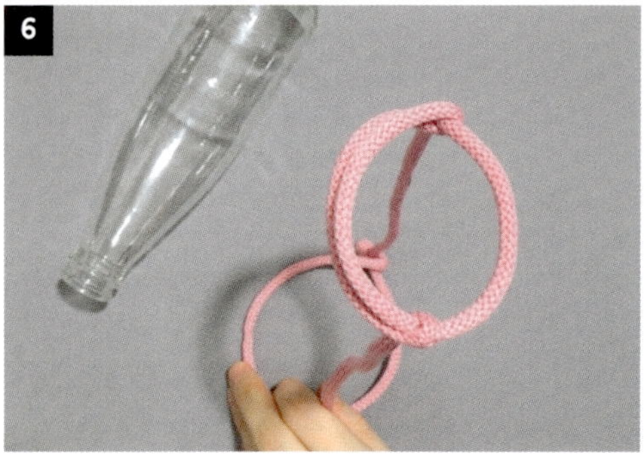

7
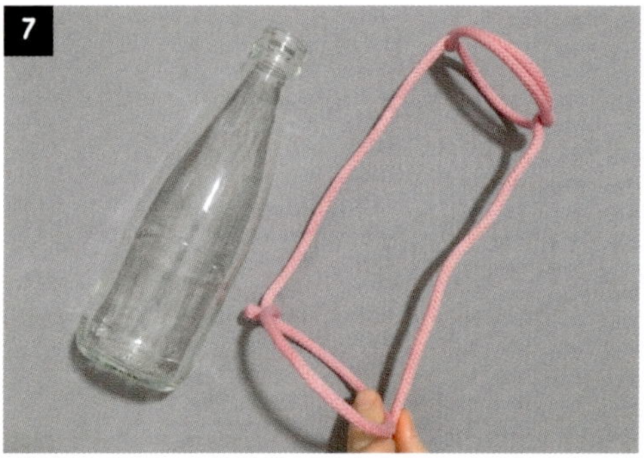

8
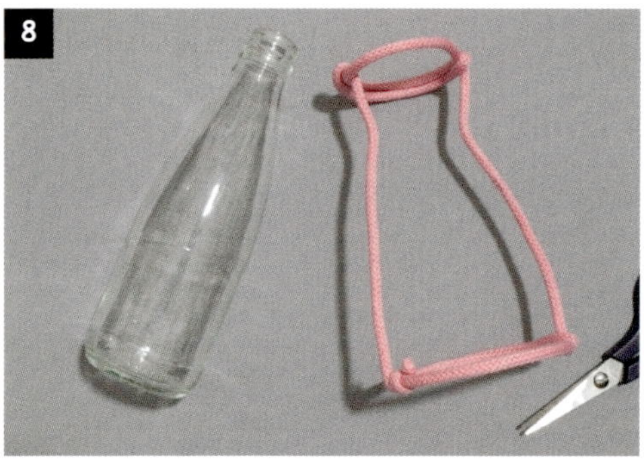

9
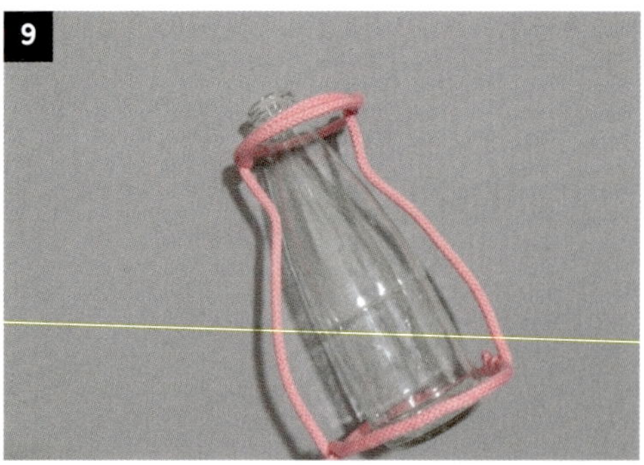

6. Nach dem Biegen des zweiten Rings schlingst du den Strickschlauch um den Knick herum und biegst ihn wieder den halben Weg entlang des Rings zurück. Wickele hier den Draht um den oberen Ring herum und führe ihn weiter hinab zum Bodenkreis. Kürze deinen Draht, falls nötig.

7. Das Teilstück, das nach unten geht, muss genauso lang sein wie das, welches du zuvor nach oben geführt hast (mit Rest zum Herumbiegen). Befestige es durch zweimaliges Herumschlingen um den unteren Ring. Beachte, dass die beiden seitlichen Stränge sich genau gegenüber liegen.

8.–9. Bringe nun die endgültige Form in deine Vase, indem du den ‚Bauch' nach außen drückst und den ‚Hals' nach innen.

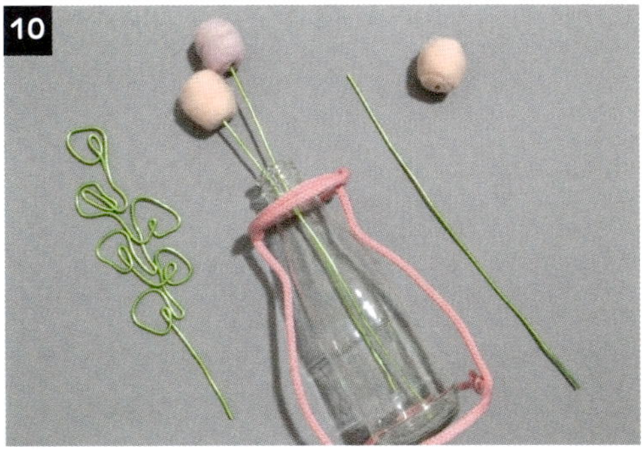

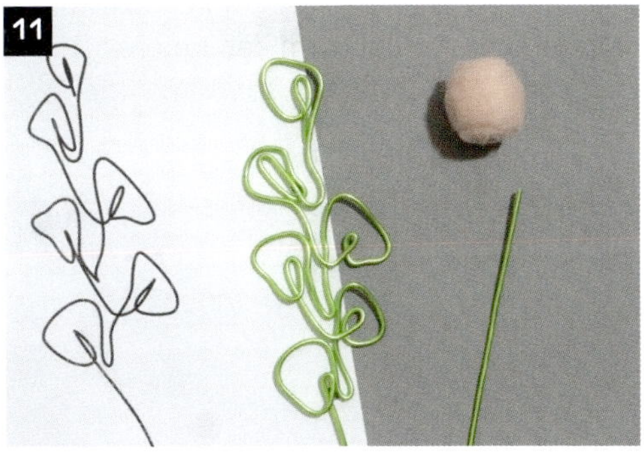

10.–11. Verpasse deiner Vase den letzten Schliff und füge Blumen hinzu. Dafür steckst du auf gerade gebogene Drahtstücke Filzpompons. Biege einen weiteren Draht mithilfe der Vorlage zu einem Eukalyptuszweig.

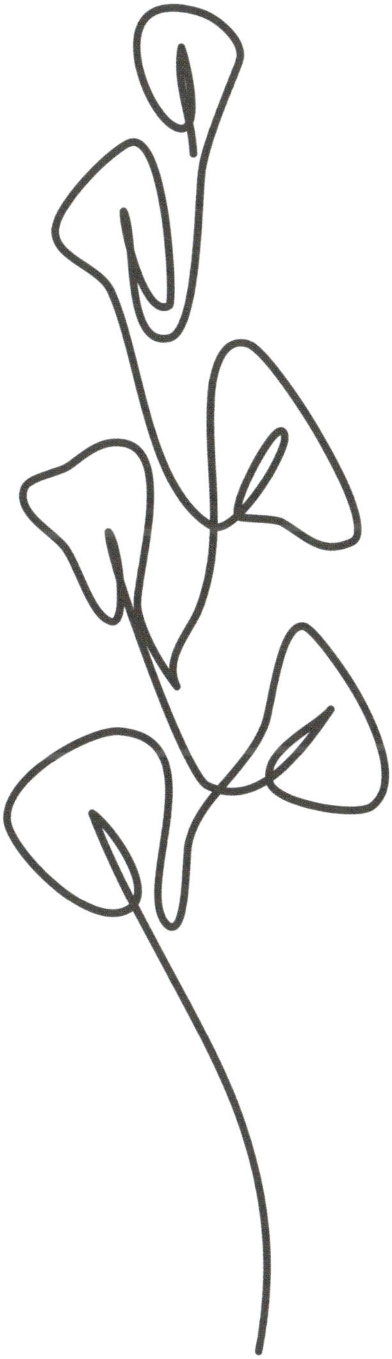

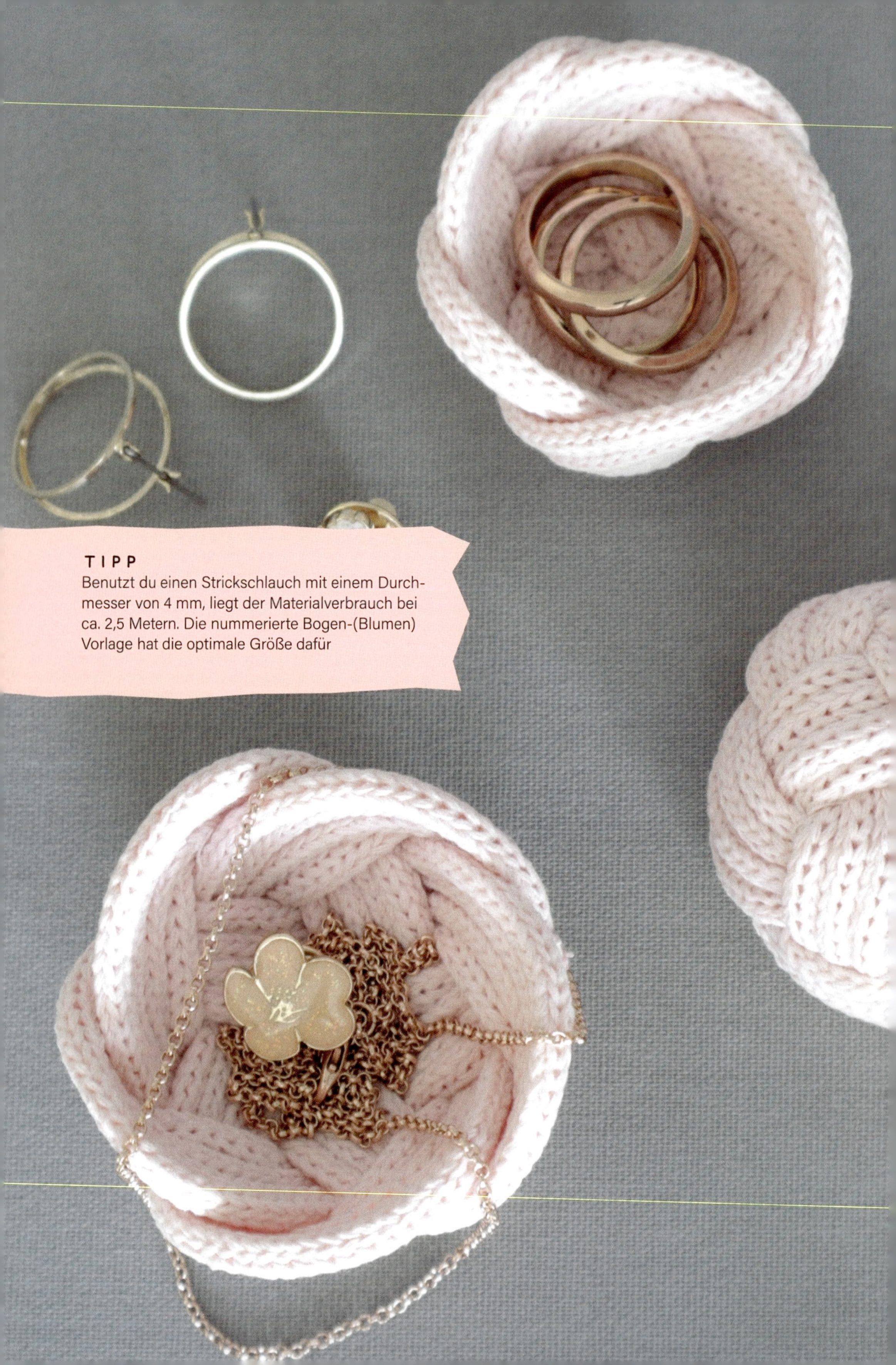

TIPP

Benutzt du einen Strickschlauch mit einem Durchmesser von 4 mm, liegt der Materialverbrauch bei ca. 2,5 Metern. Die nummerierte Bogen-(Blumen) Vorlage hat die optimale Größe dafür

KÖRBCHEN ODER DECKCHEN GEFÄLLIG?

Dieses Projekt entsteht aus einer sogenannten Trossenstekmatte. Diese kannst du z. B. als kleinen Untersetzer nutzen (s. Seite 90). In einem weiteren Schritt wird aus dem Deckchen ein Körbchen. Nicht immer kann man hier den genauen Materialverbrauch vorhersagen. Die Materialdicke und die Festigkeit, mit der du deine Runden schlingst, bestimmen das Resultat. Probiere es ein paar Mal aus, auch wenn der erste Versuch etwas holperig sein sollte. Du wirst herausfinden, welche Abmaße für deine Bedürfnisse am besten sind. Deshalb findest du im Folgenden zwei verschieden große Bogen-(Blumen)Vorlagen, mit denen du sofort loslegen kannst.

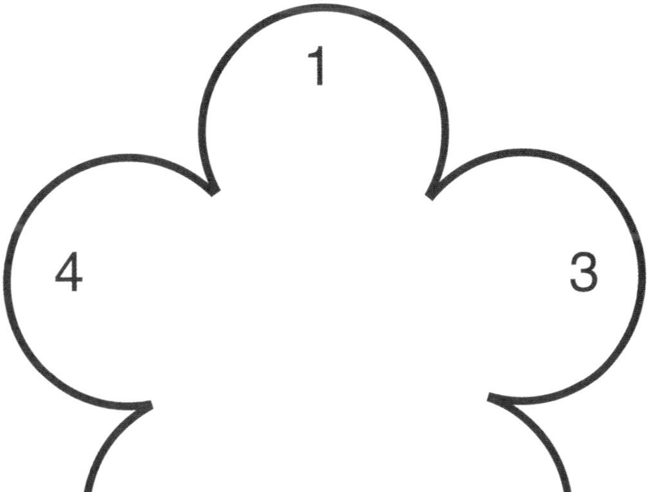

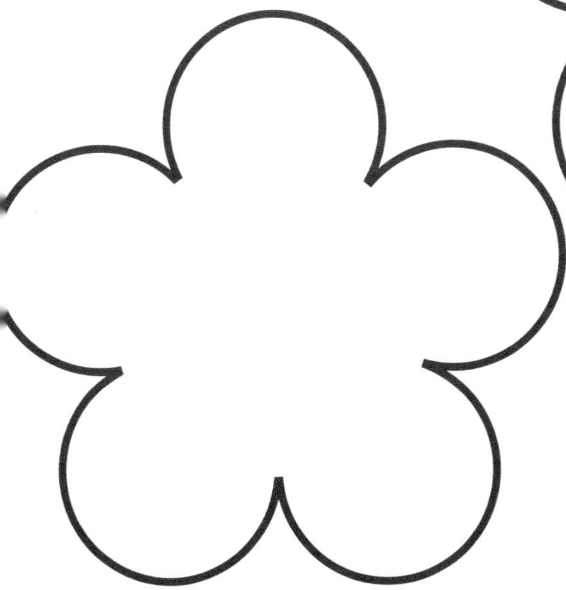

TROSSENSTEKMATTE

WIE ES GEHT

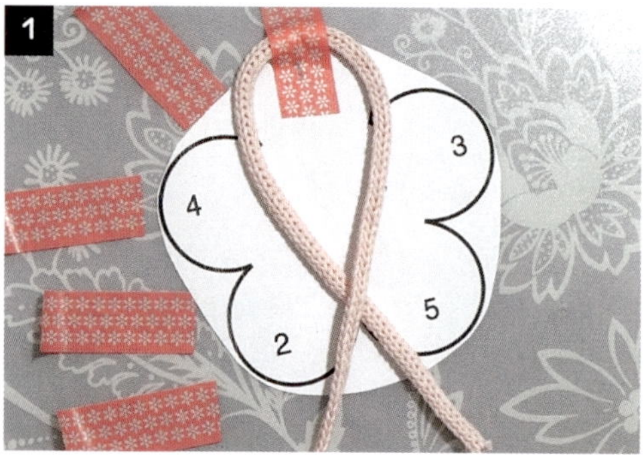

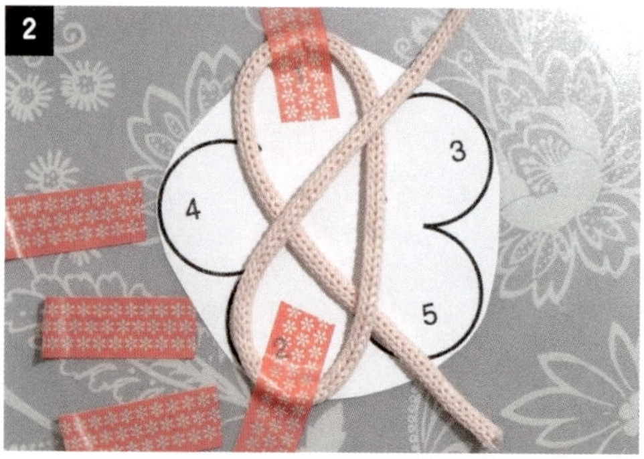

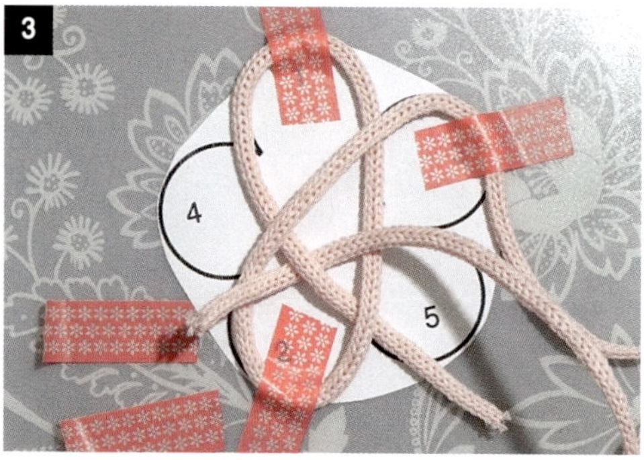

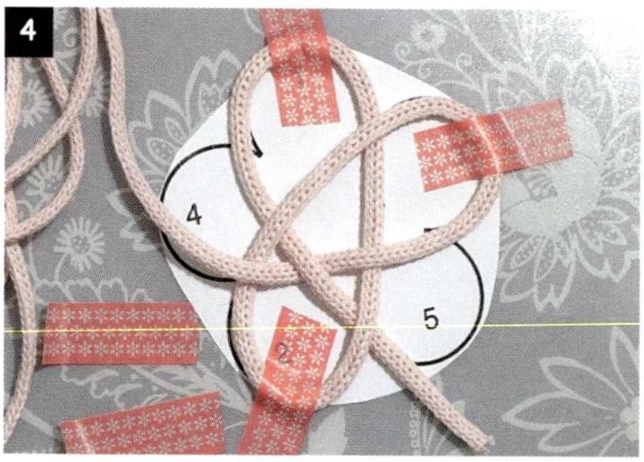

WAS DU BRAUCHST

Strickschlauch ohne Drahtkern, Bogen-(Blumen) Vorlagen, Klebeband, Schere, optional: Stärke, Kochtopf & Sprühflasche

1. Die erste Runde Lege deinen Schlauch entlang der Biegung 1, wie im Bild gezeigt. Das kurze Ende zeigt nach rechts unten. Darüber nach links unten liegt das lange Ende. Fixiere den oberen Bogen mit einem Stück Klebestreifen.

2. Halte dich bei den folgenden Schritten an die vorgegebene Nummerierung der Bogen-(Blumen)Vorlage. Lege deine zweite Schlaufe über den Bogen 2. Dein Schnurgebilde sieht jetzt aus wie eine auf der Seite liegende Brezel. Fixiere auch den zweiten Schlauchbogen.

3.–4. Lege die Schnur über den dritten Bogen, fixiere ihn und führe die Schnur nun wie im Bild **über, unter** und **über** die drei nach unten liegenden Schnüre.

5.–6. Nun machst du dich an den vierten Bogen und führst dein langes Ende weiter – immer im Wechsel unter, über, unter die vorhandene Schnur – hin zu Bogen 5. Fixiere den vierten Schlauchbogen.

7.–10. Für die zweite Runde leitest du das Schlauchgarn neben deiner ersten Runde am inneren Rand entlang. Dafür gehst du im gleichen Wechsel über und unter die vorhandenen Schlaufen, genau wie die Runde 1 verläuft.

5

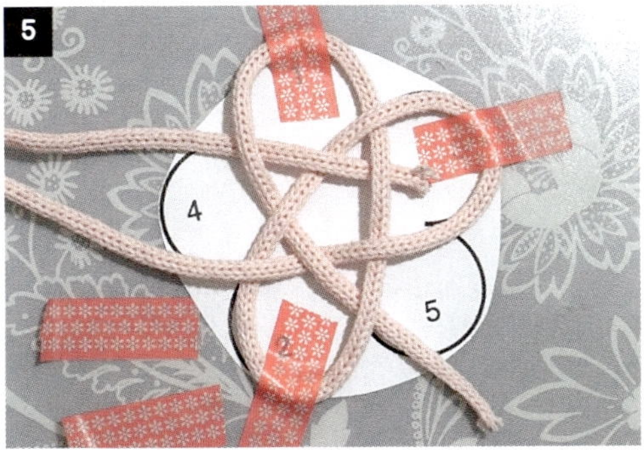

6

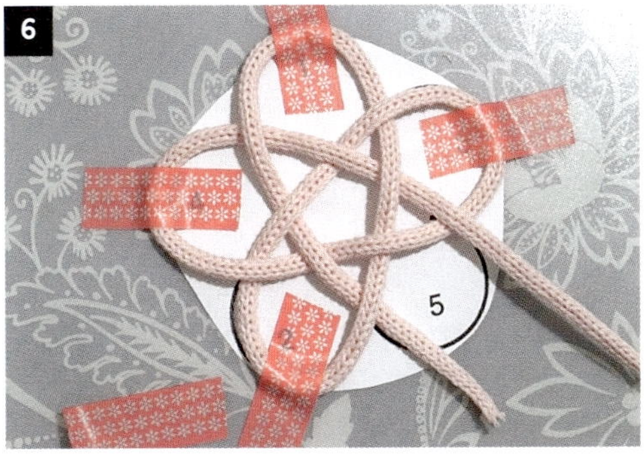

7

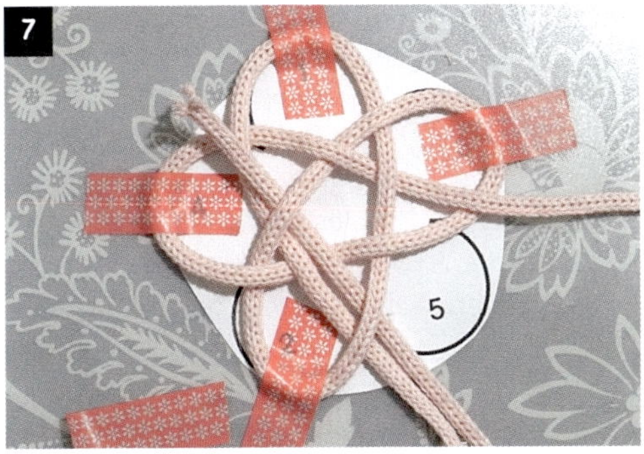

8

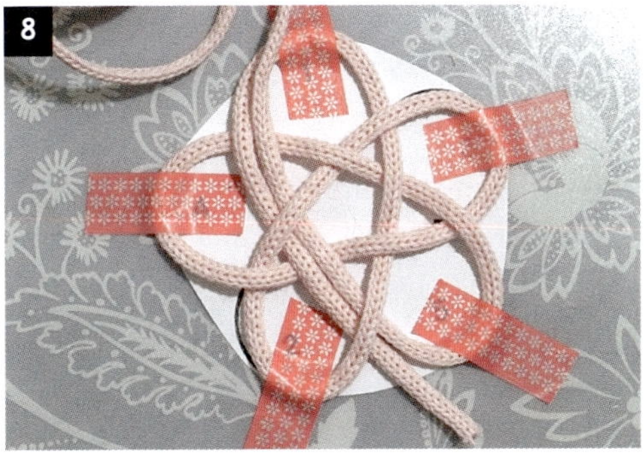

9

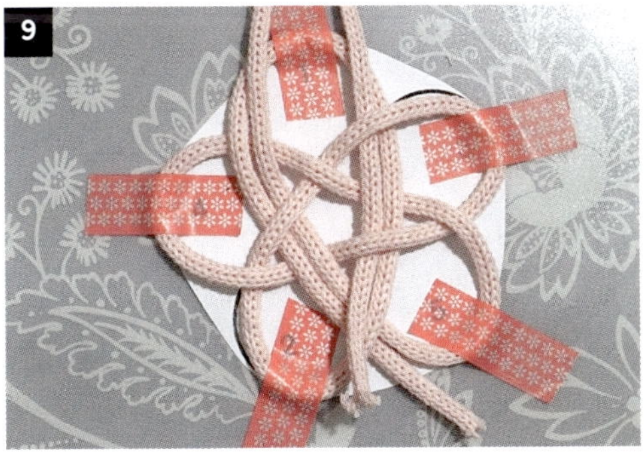

10

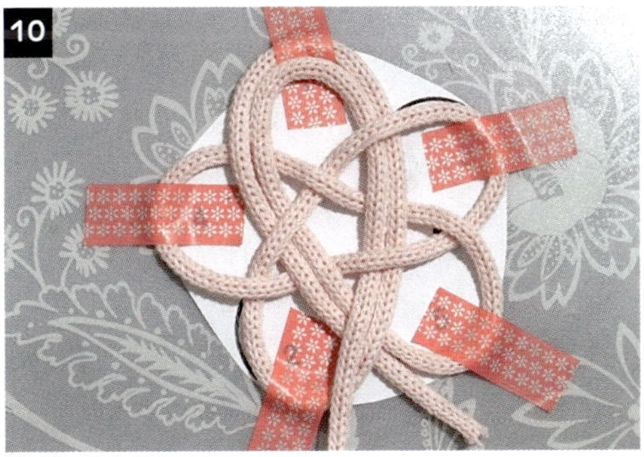

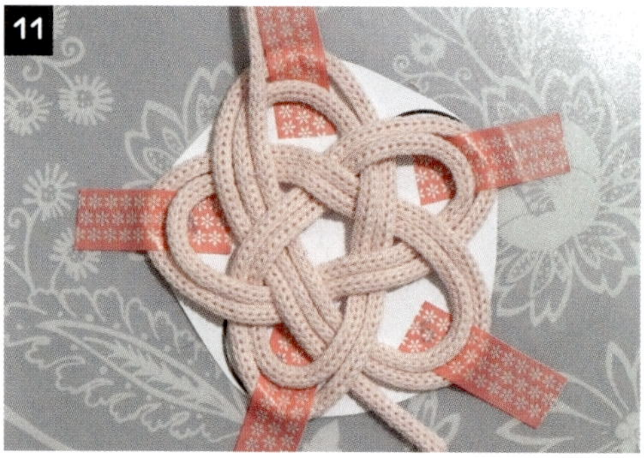

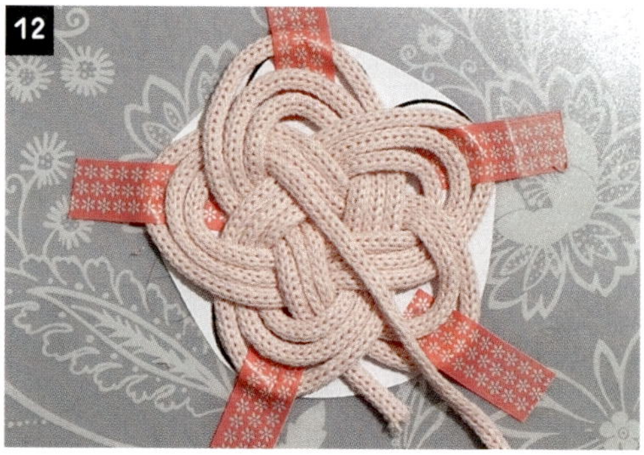

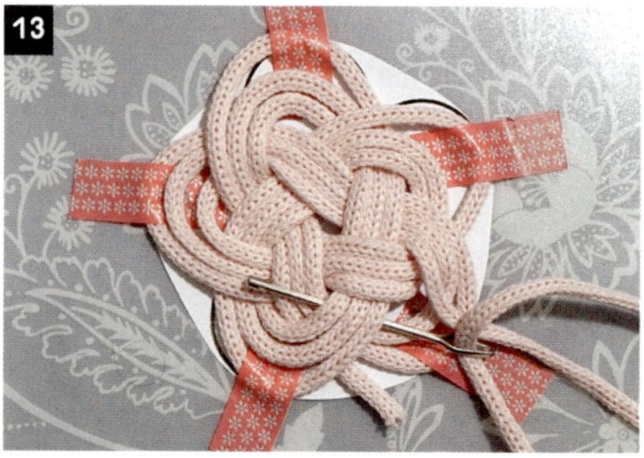

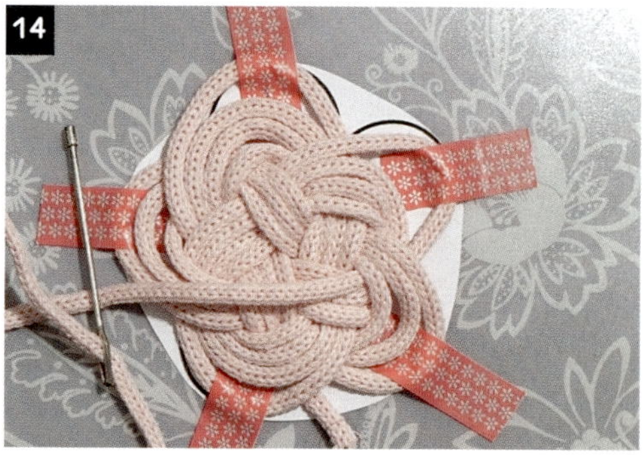

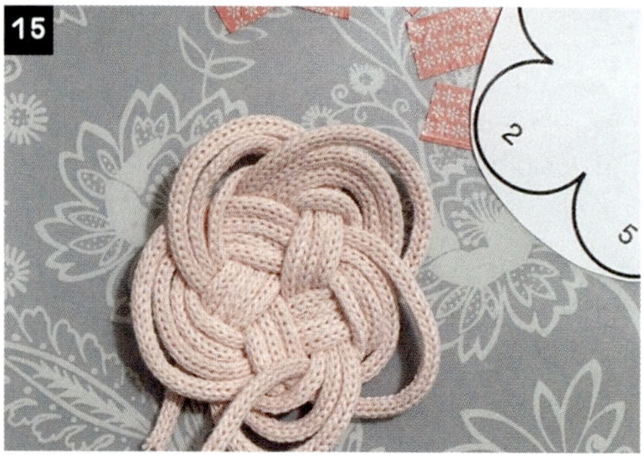

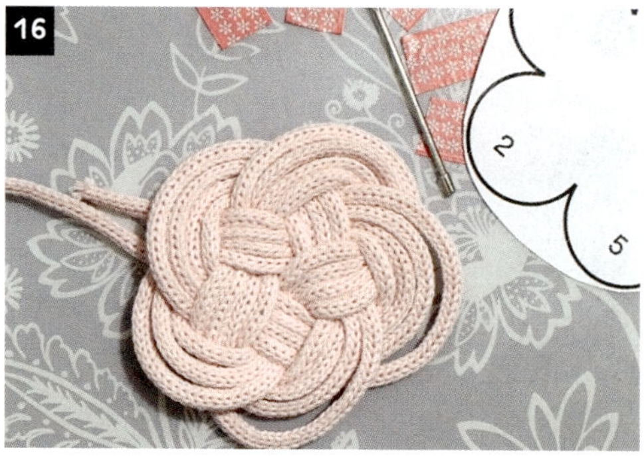

Die weiteren Runden

11.–14. Verfahre ebenso mit den folgenden Runden, bis keine freien Flächen mehr vorhanden sind.

15.–16. Im letzten Schritt ziehst du den Schlauch gleichmäßig fest, damit eine symmetrische Matte entsteht. Achte darauf, dass du die Schnur immer in die gleiche Richtung festziehst. Dafür gehst du den Schlauch nochmals in die gleiche Richtung entlang, wie du ihn zuvor herumgeschlungen hast.

KÖRBCHEN

WIE ES GEHT

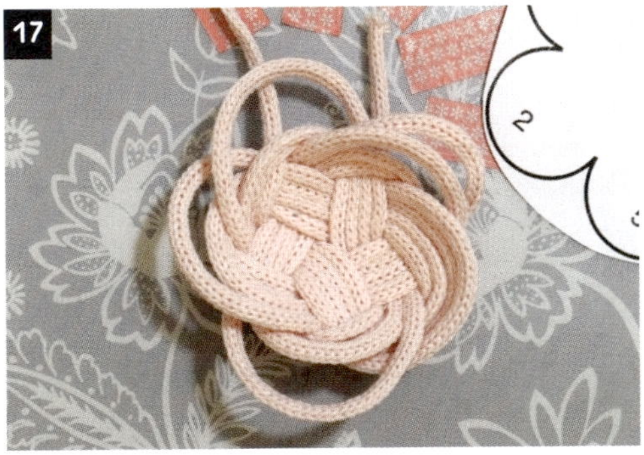

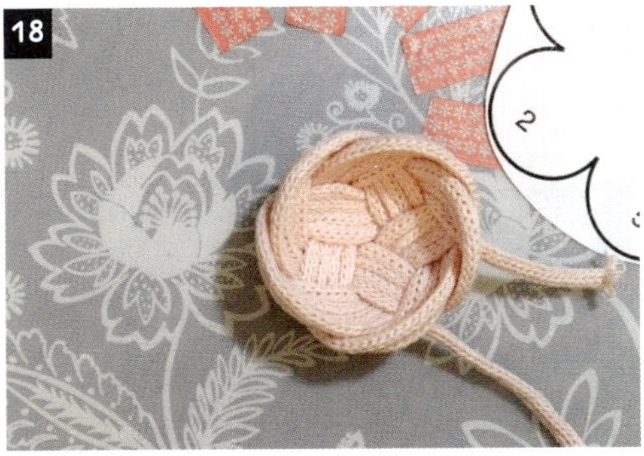

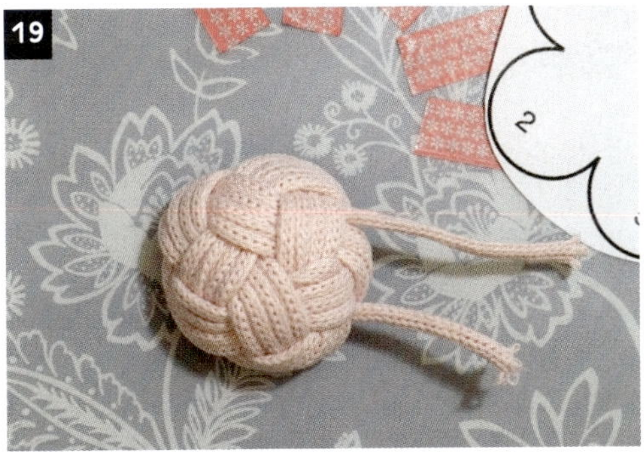

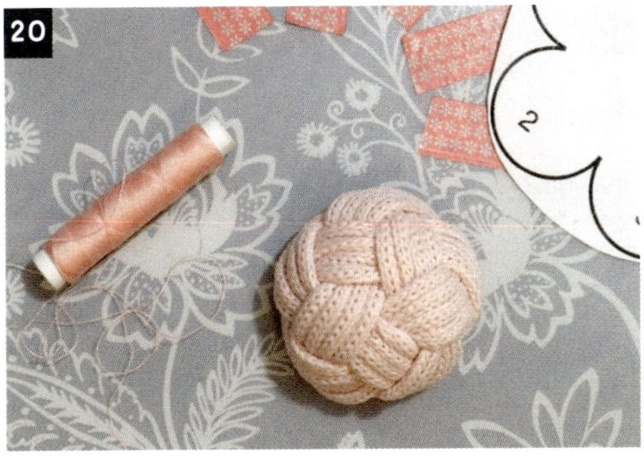

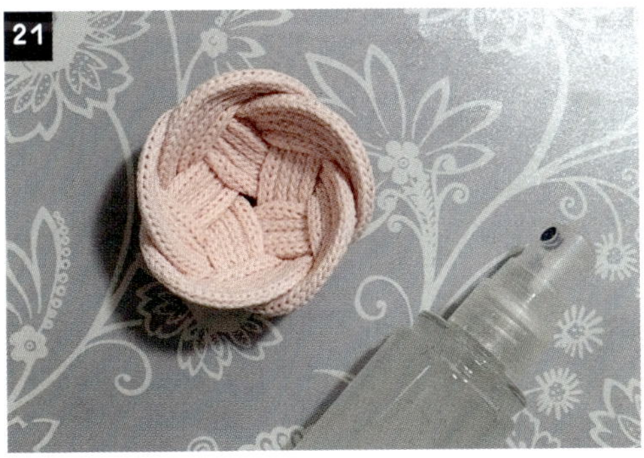

SPRÜHSTÄRKE SELBST HERSTELLEN

1 EL Speisestärke mit 500 ml Wasser in einem Kochtopf erhitzen und abkühlen lassen.
Danach kann die Stärke mit einer Sprühflasche gleichmäßig auf das Körbchen aufgetragen werden.

17.–18. Ziehe die Schlaufen nun noch enger als für die Trossenstekmatte. Arbeite dich hier Schritt für Schritt vor. Hierdurch entsteht aus der flachen Matte eine Körbchenform.

19.–20. Vernähe die Enden auf der Außenseite, sodass man sie nicht mehr sieht. Dafür schneidest du überstehende Reste ab, versteckst das Ende unter einer benachbarten Schlaufe und vernähst es mit dieser.

21. Möchtest du, dass das Körbchen mehr Stabilität bekommt, sprühe es mit Stärke ein und lasse es trocknen. Bei Bedarf kannst du diesen Vorgang mehrmals wiederholen.

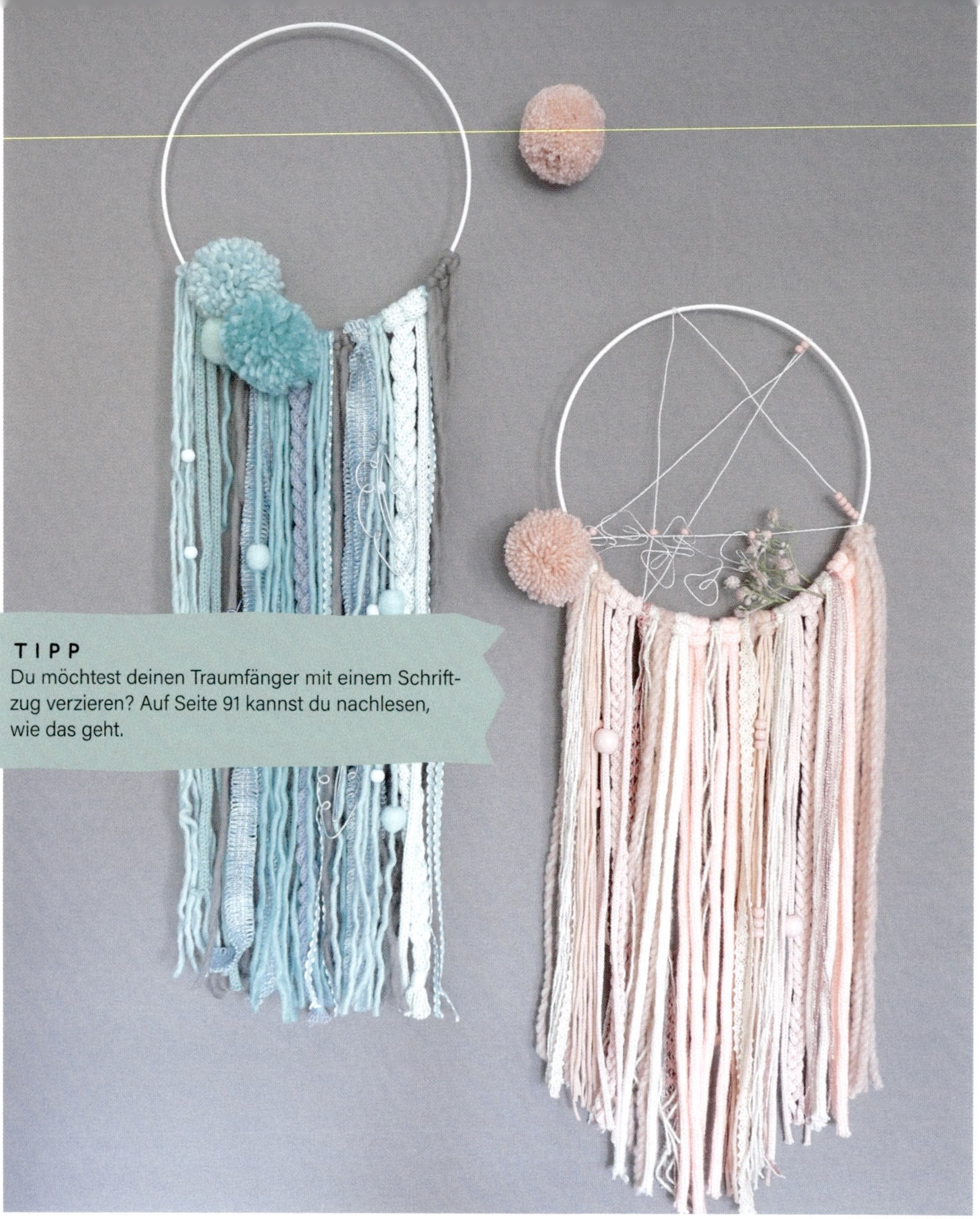

TIPP

Du möchtest deinen Traumfänger mit einem Schriftzug verzieren? Auf Seite 91 kannst du nachlesen, wie das geht.

TRAUMFÄNGER MIT POMPONS

Ein Klassiker und dennoch so vielseitig! Diese Traumfänger geben ihr Allerbestes, um nächtliche Gedankenspiralen zu durchbrechen, und auch für Tagträume sind sie wunderbar geeignet.

WIE ES GEHT

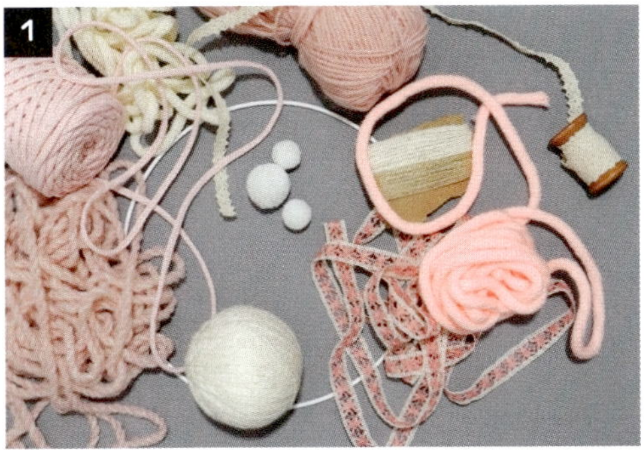

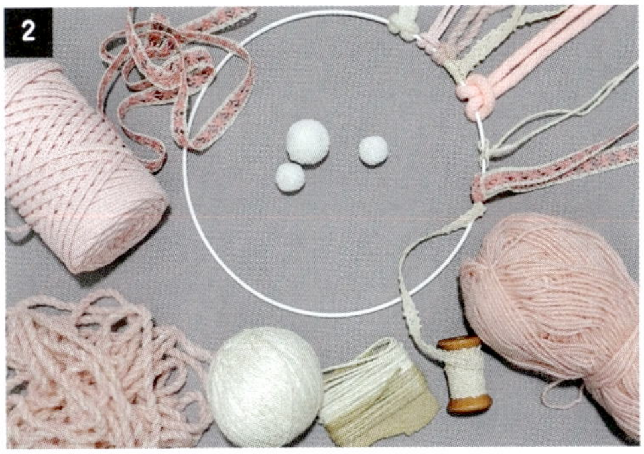

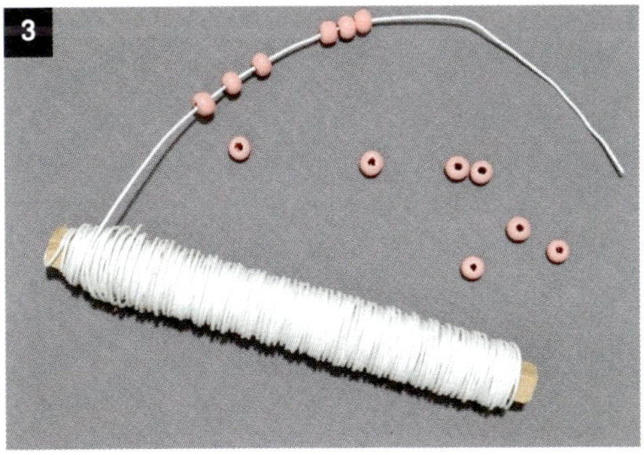

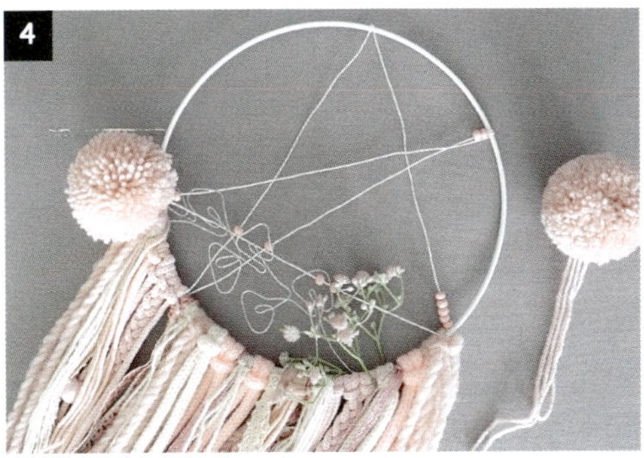

WAS DU BRAUCHST

Wolle, Schnüre, Pompons, Strickschläuche ohne Drahtkern, Metallring, Draht & Perlen, Vorlagen Eukalyptuszweig & Feder

1. Sortiere deinen Vorrat an Schnüren, Pompons und Co. nach Farben, die gut harmonieren und zu dir passen.

2. Hänge die Schnüre und Strickschläuche mit einem Ankerknoten an den Metallring. Befülle damit fast den halben Ring.

3. Ziehe Perlen auf einen Draht und verziere mit diesem deinen Traumfänger weiter, indem du den Draht mehrmals um den Ring schlingst.

4.–5. Vervollständige deinen Traumfänger nun mit weiteren Drahtelementen, wie z. B. einem Eukalyptuszweig (Vorlage S. 31), oder Federn sowie Pompons. Wie du dir einen Pomponmaker selbst zusammenbaust, erfährst du im Folgenden.

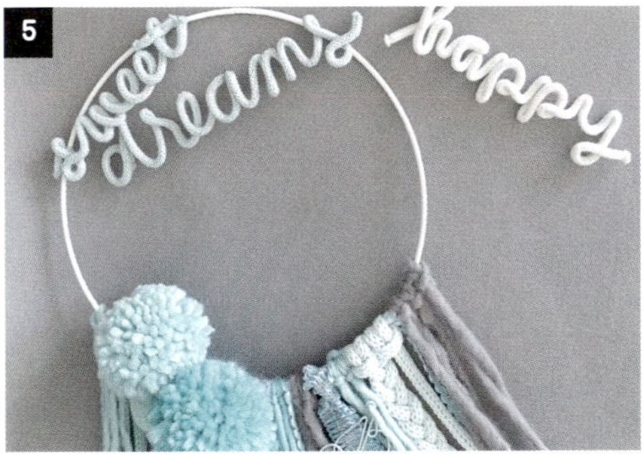

POMPONMAKER

WIE ES GEHT

1

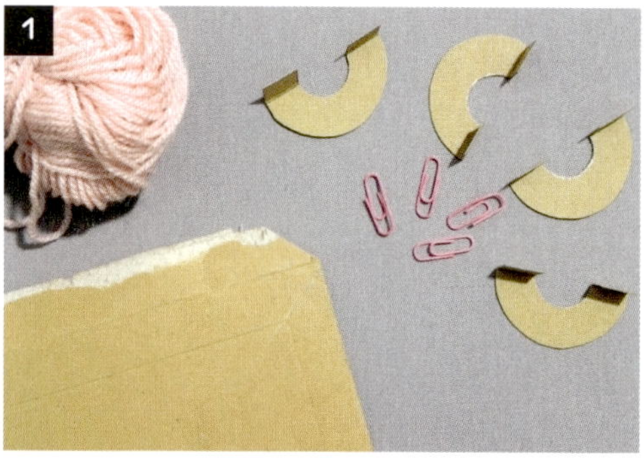

2

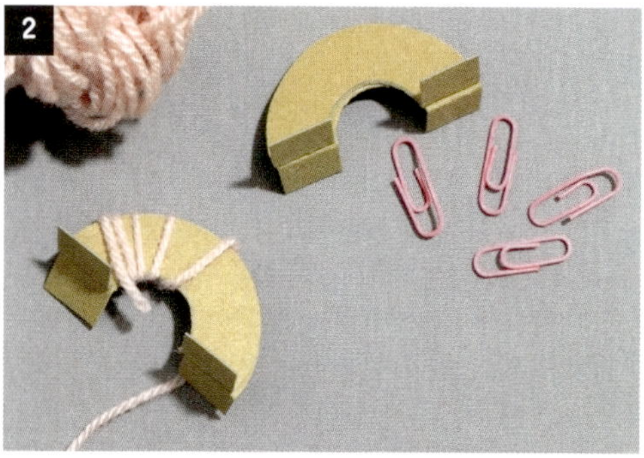

3

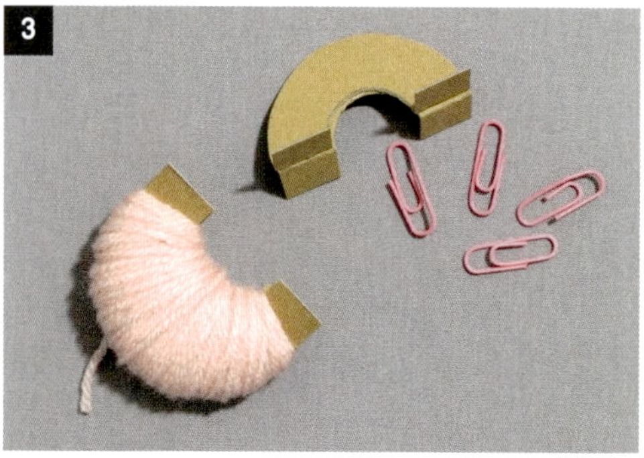

4

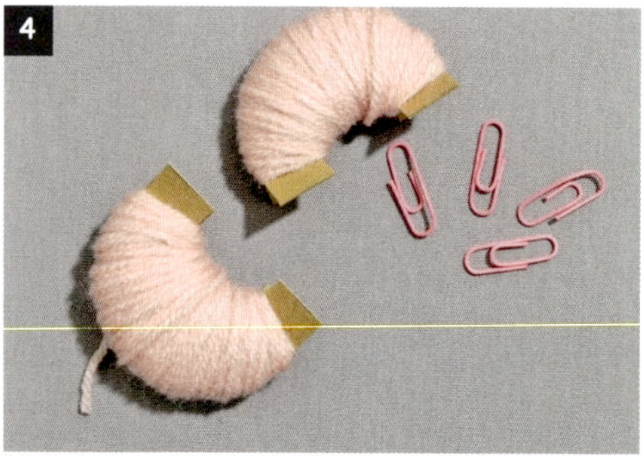

WAS DU BRAUCHST

Pappe, Vorlage Pomponmaker, 4 Büroklammern, Wolle, Schere

1. Mit der fast hufeisenförmigen Vorlage stellst du vier Halbkreise mit Laschen aus Pappe (z. B. einer festen bereits gebrauchten Versandtasche) her und knickst entlang der gestrichelten Linie die Laschen um.

2.–3. Lege nun jeweils zwei der Halbkreise so aufeinander, dass die Laschen nach außen zeigen, und umwickele sie mit Garn.

4.–5. Sind deine zwei Doppelhalbkreise voll umwickelt, fügst du sie mithilfe der Büroklammern und der Laschen zu einem vollen Kreis zusammen.

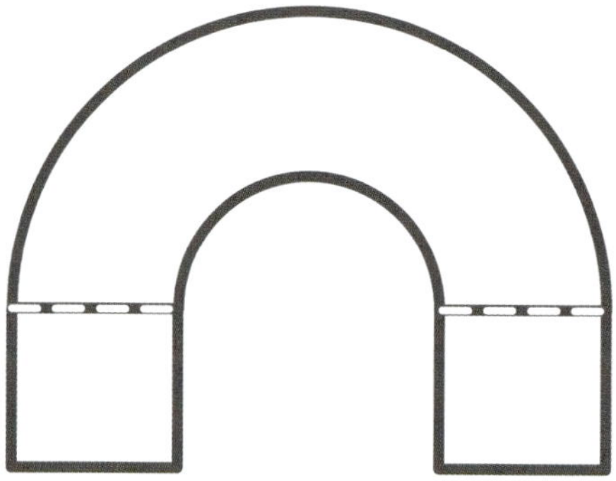

5

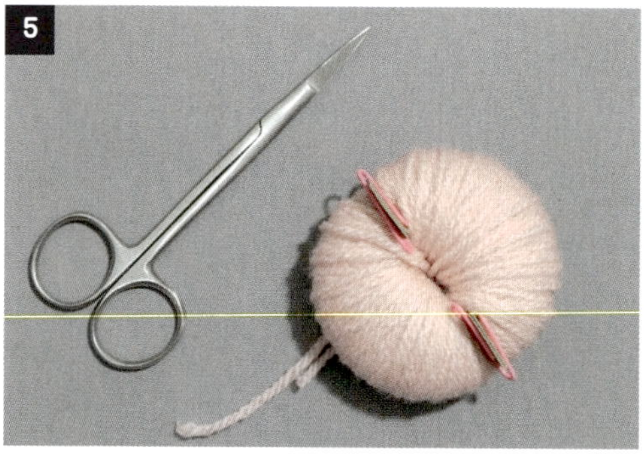

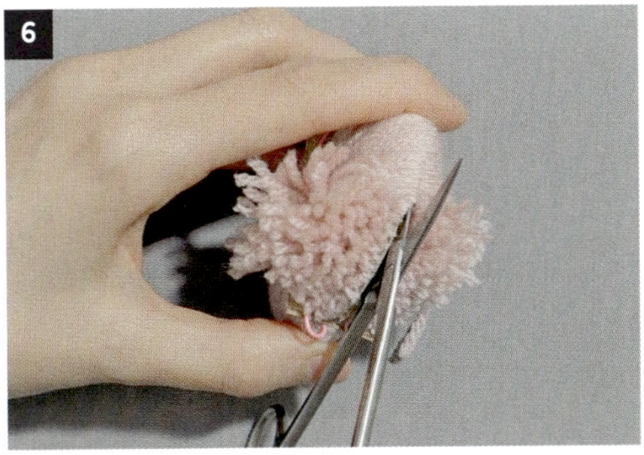

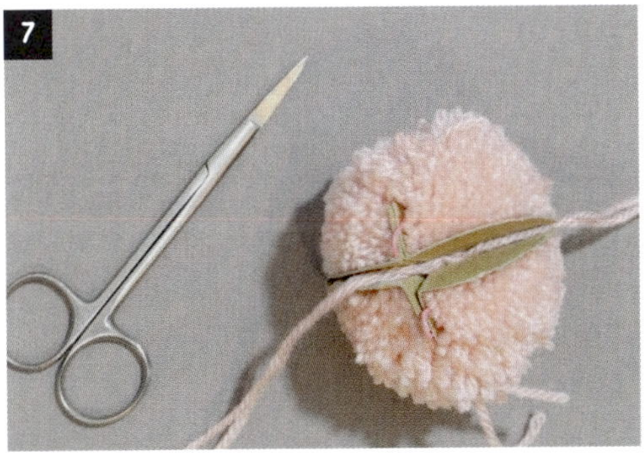

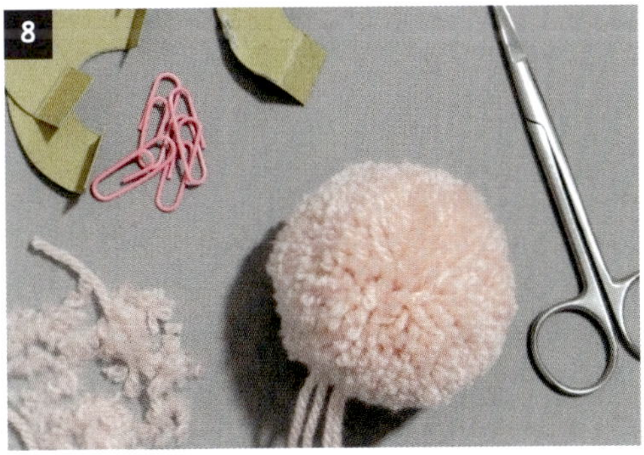

6. Schneide die Fäden nun zwischen den zwei aufeinanderliegenden Pappschichten auseinander. Dabei fächert sich das Garn auf und der Pompon nimmt Gestalt an. Schneide komplett einmal außen herum.

7. Nun nimmst du dir ein weiteres Stück Wolle und legst es in den Schlitz zwischen die Pappen. Wickle es im Kreis herum, so dass du mit ihm alle Fäden mit einem Doppelknoten fest zusammenbinden kannst.

8. Entferne die einzelnen Pappteile vorsichtig und verpasse dem Bommel anschließend einen kleinen Haarschnitt, damit er gleichmäßig rund wird.

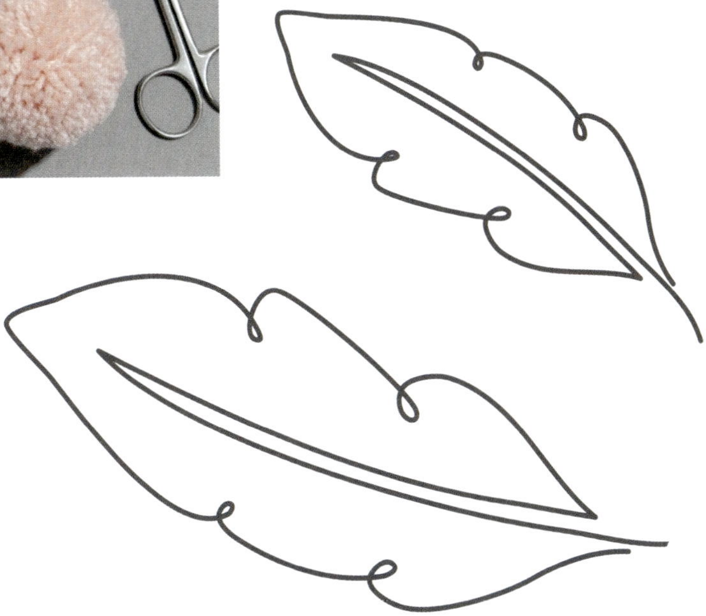

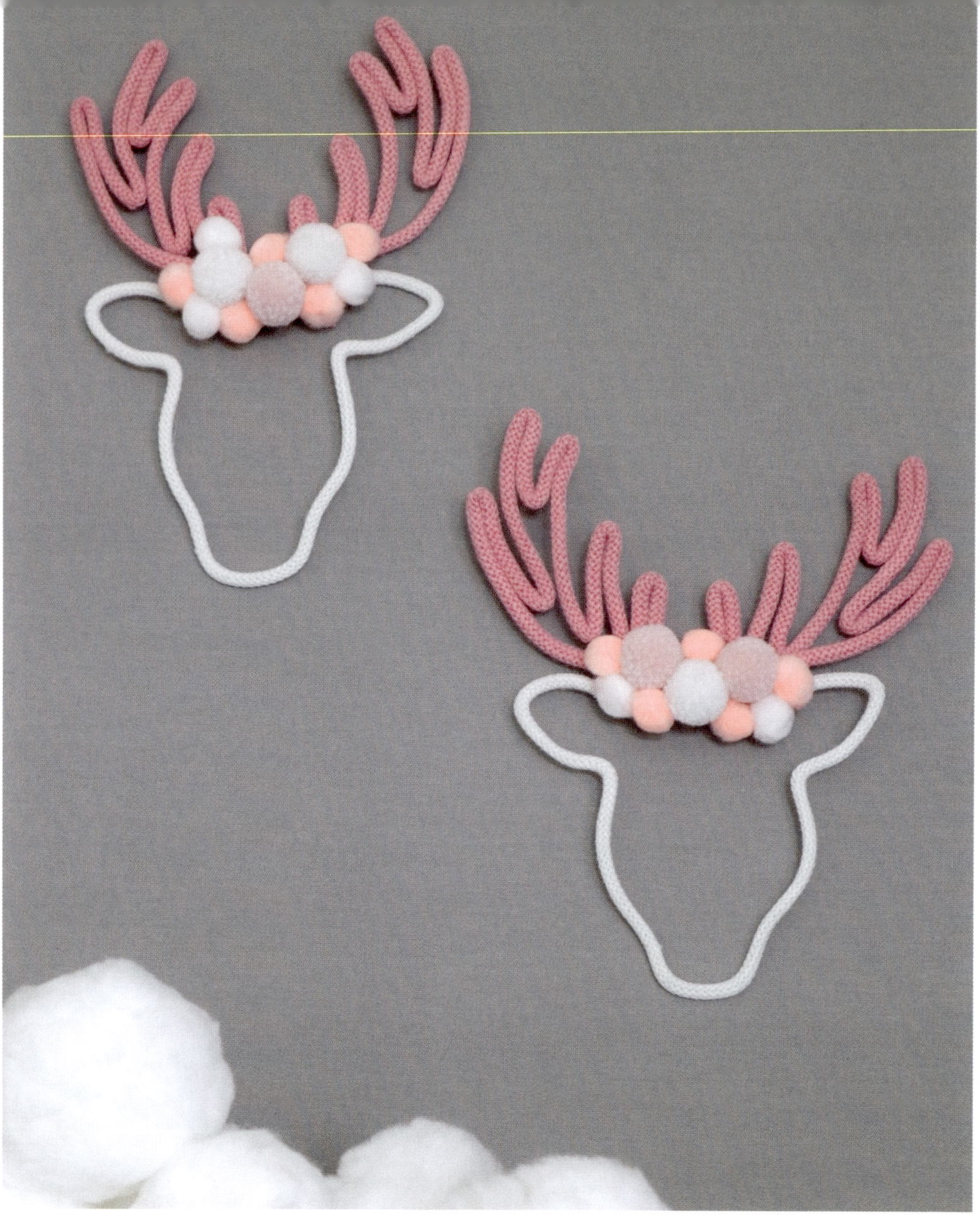

GEWEIHTIERE

Ob Reh, Hirsch oder Elch – das bleibt deiner Fantasie überlassen. Die Geweihtiere eignen sich als abwechslungsreiche Dekoration, egal, ob sie dich nun im Herbst oder im Winter besuchen. Wenn du magst, bleiben sie einfach das ganze Jahr bei dir.

WIE ES GEHT

WAS DU BRAUCHST

Strickschlauch mit Drahtkern, Schere, Vorlage Geweihtier, Nadel & Faden in passender Farbe, Pompons in verschiedenen Größen & Formen, Heißkleber & Heißklebepistole

1.–3. Biege mit dem Strickschlauch die Kopfform zurecht, kürze die Enden ein und vernähe sie miteinander.

4.–6. Biege nun die Geweihe zurecht. Dafür kannst du zunächst grob die Kurven biegen und zum Abschluss das Feintuning machen. Achte darauf, dass die Geweihhälften möglichst symmetrisch werden.

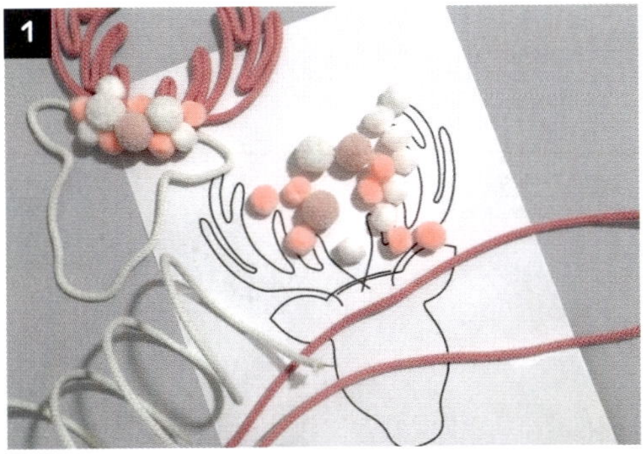

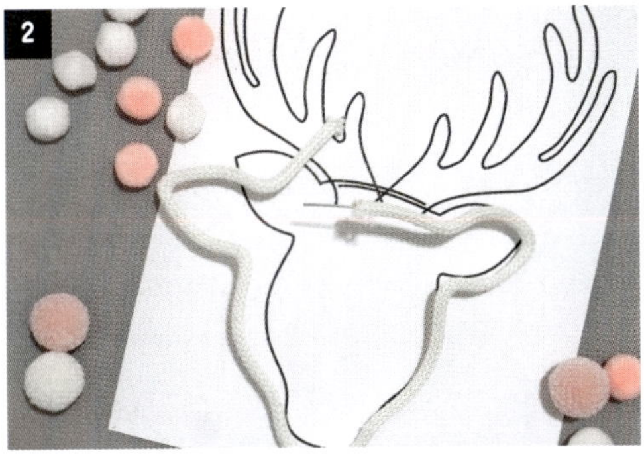

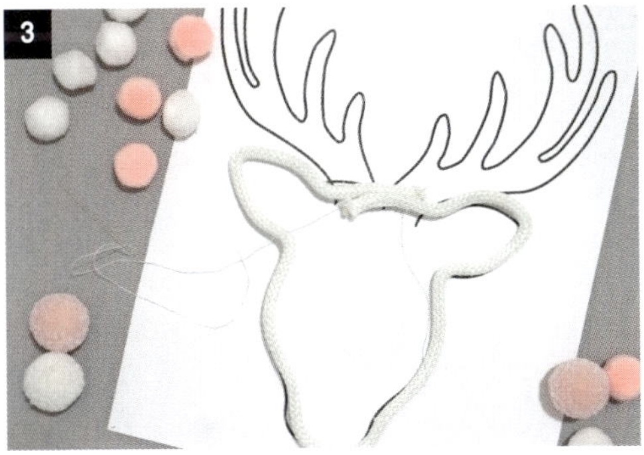

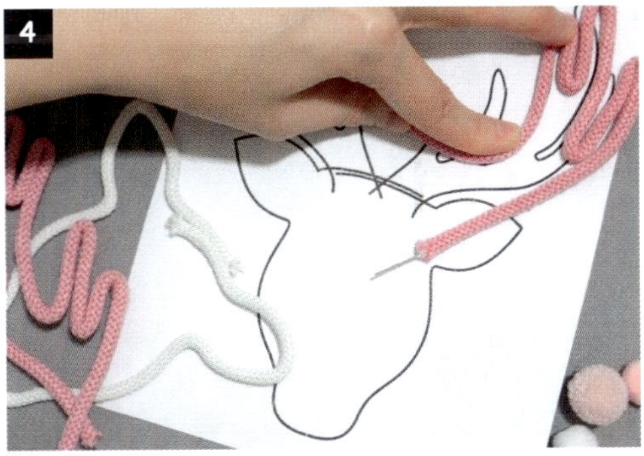

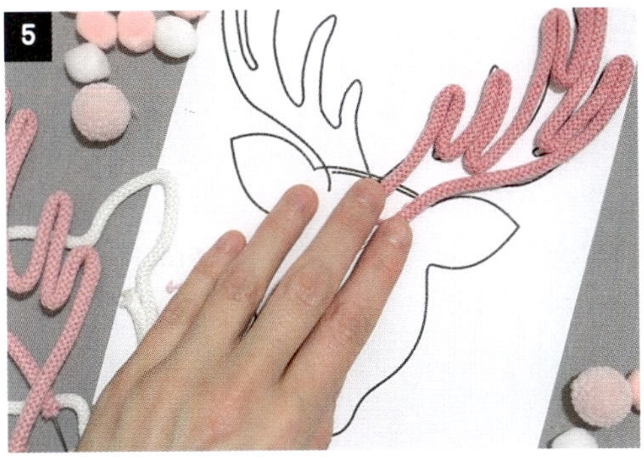

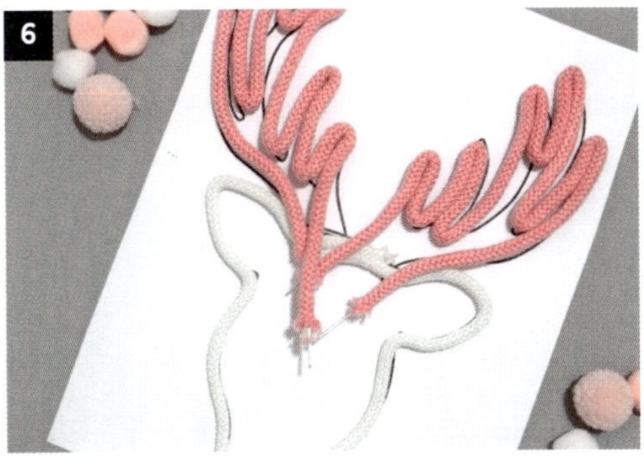

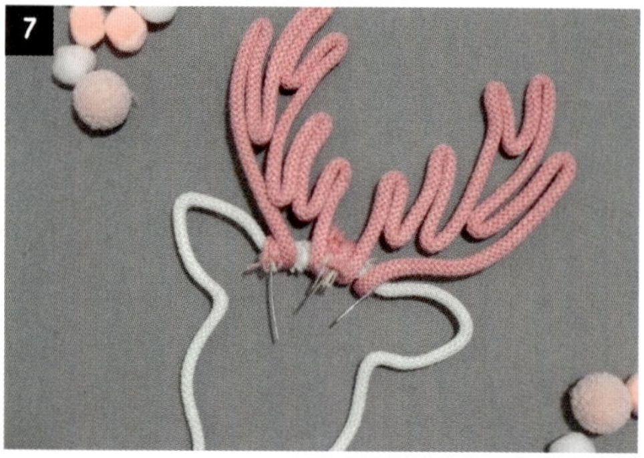

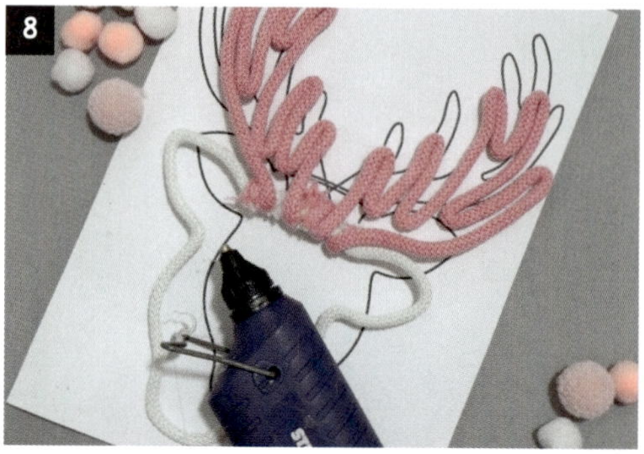

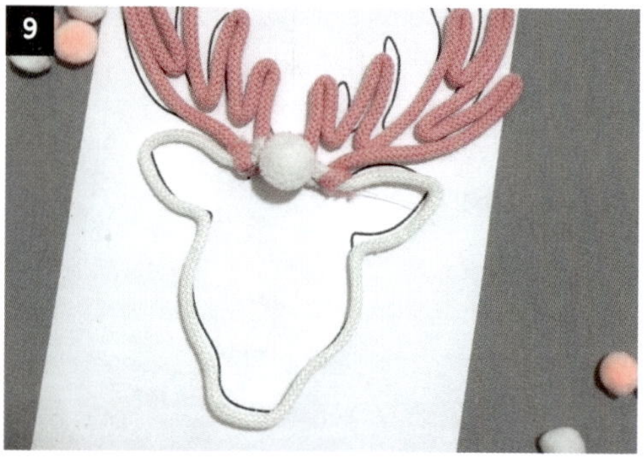

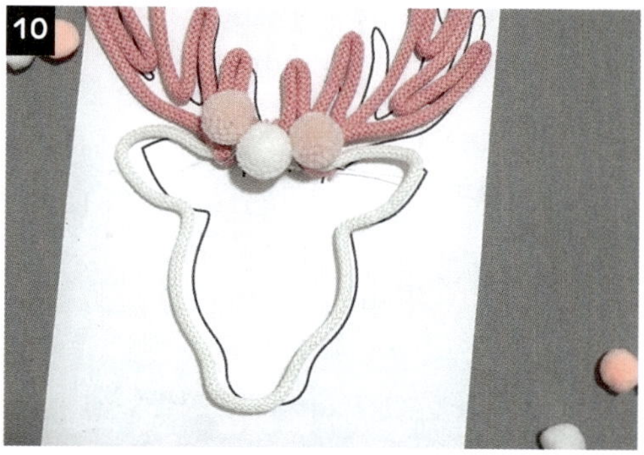

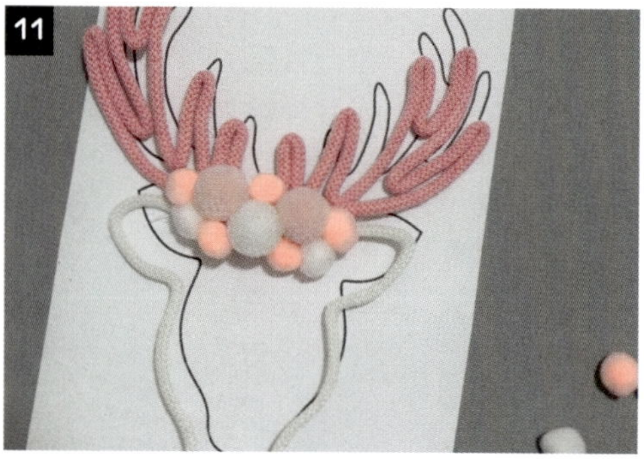

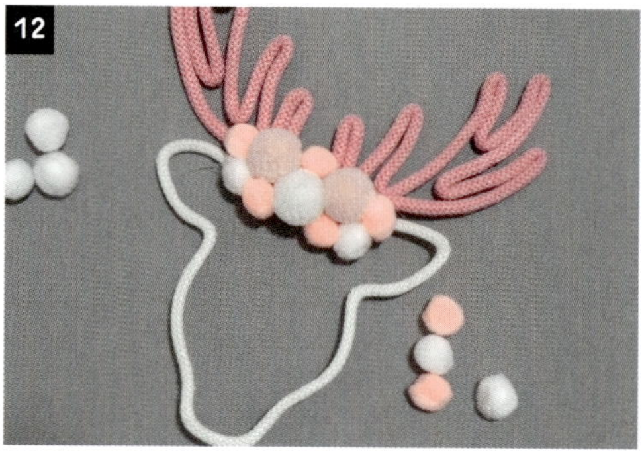

7. Wickle die Geweihe mit ihren offenen Enden um die Stirnpartie herum und kürze überstehende Enden ein.

8.–12. Beklebe nun den oberen Kopfbereich mit den Pompons.

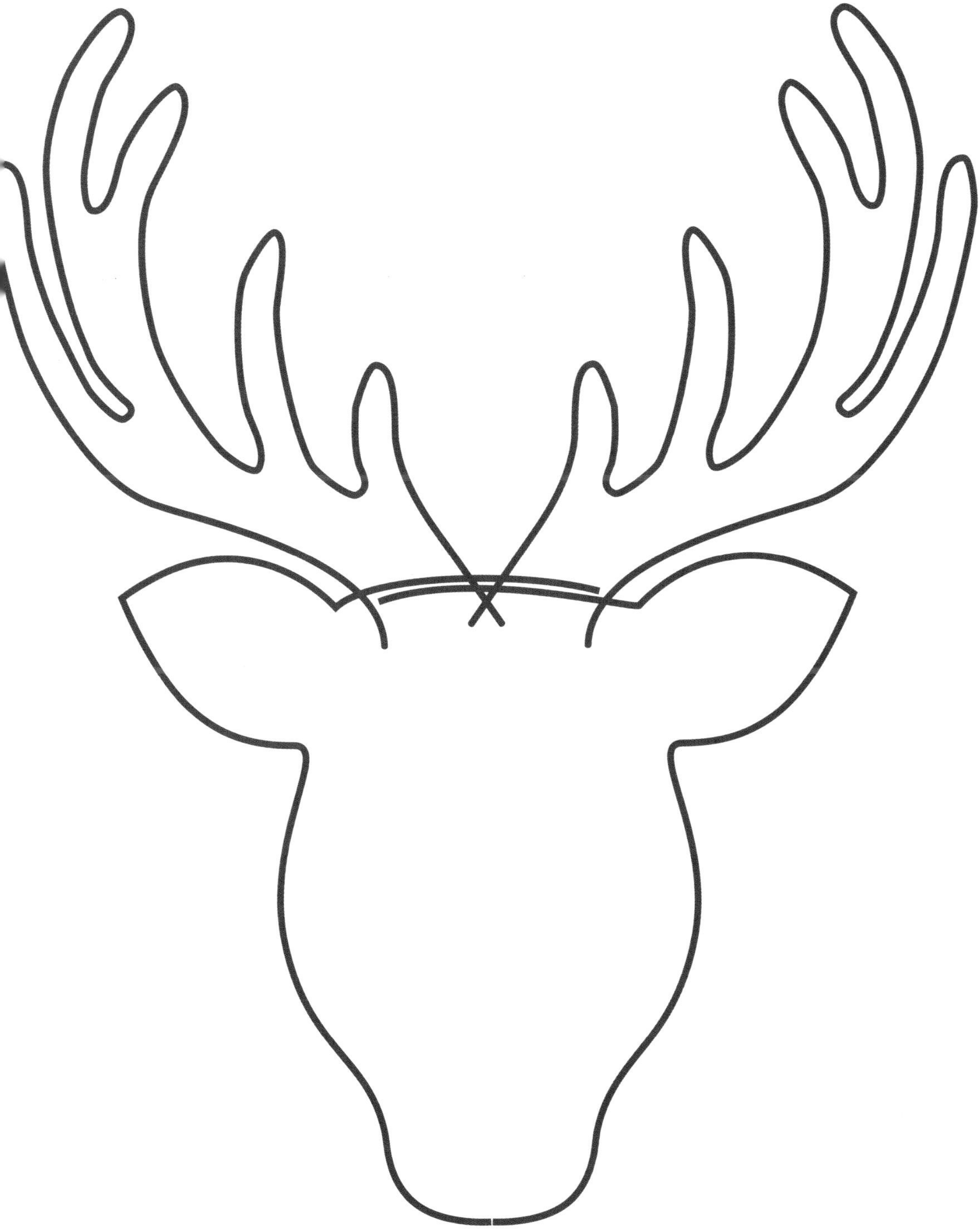

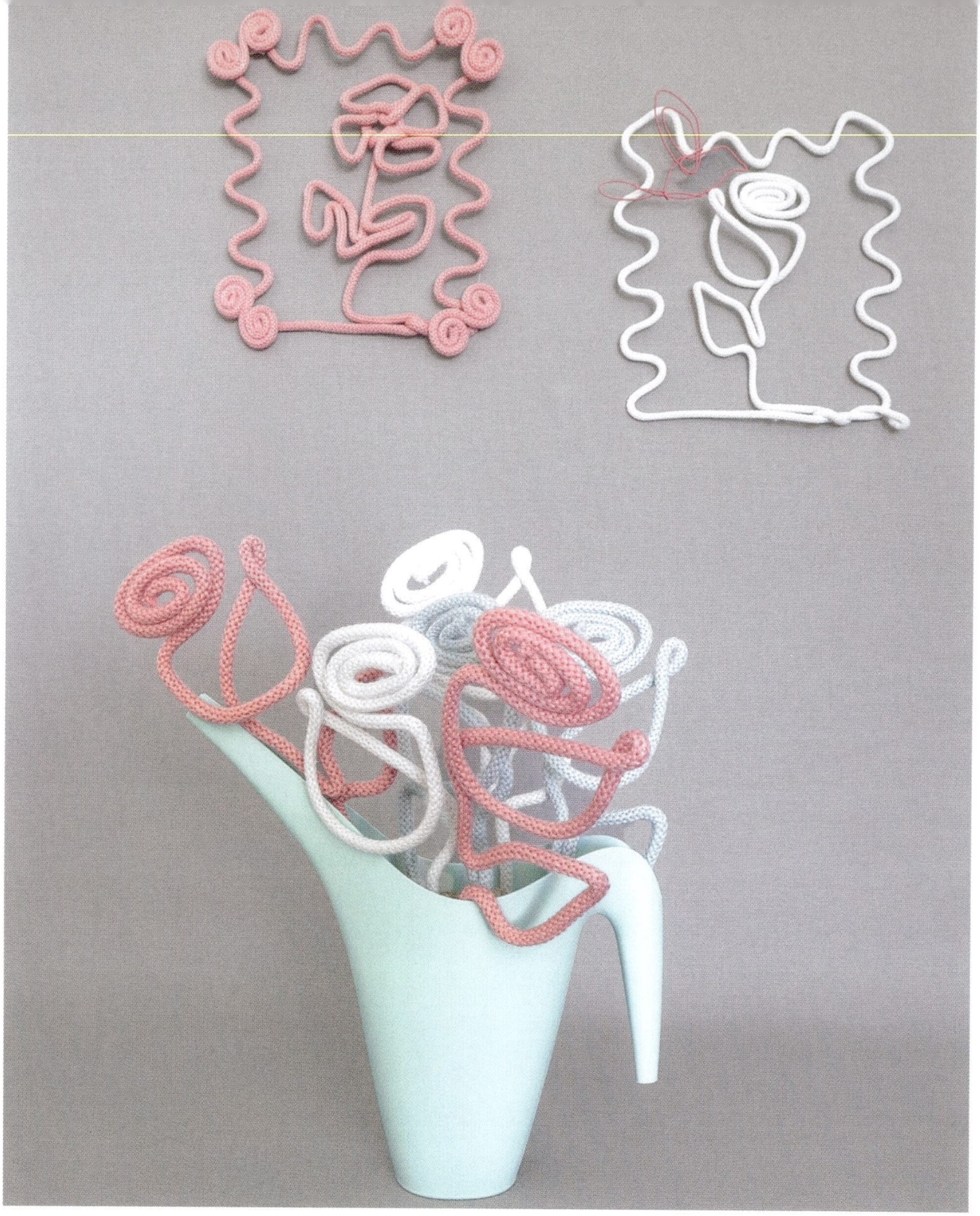

BLUMENSTRAUß

Ein Ratzfatz-Projekt, für dich oder zum Verschenken, ob als ganzer Strauß oder als einzelnes Blümchen, als kleine Aufmerksamkeit zwischendurch oder als gut durchdachtes Geschenk für Menschen, die mit echten Schnittblumen nicht viel anfangen können.

BLUMENSTRAUß

WIE ES GEHT

Biege die Rosen mithilfe der Vorlage. Beginne mit dem Stiel. Diesen fertigst du etwas länger an, als er in der Vorlage vorgegeben ist. Dann lassen sich die Blumen später in einen passenden Behälter stellen. Wenn du magst, kannst du dir zusätzlich eine spiegelverkehrte Vorlage anfertigen, damit die Blätter mal rechts und mal links sind. Versäubere Anfang und Ende des Strickschlauches und arrangiere deinen neuen Blumenstrauß!

WAS DU BRAUCHST

Strickschlauch mit Drahtkern, Blumenvorlagen, Vase, Gießkanne oder Ähnliches zum Hineinstellen, Schmuckkleber

BLUMEN IM RAHMEN

WIE ES GEHT

Biege deinen Strickschlauch entlang der Vorlage zurecht. Beginne bei dem Dreieck, lasse etwas Schnur hängen (die gestrichelte Linie), die du – bist du einmal mit dem Motiv herum – mit dem unteren Knick der Blume verzwirbelst. Sollte dein Blütenkopf recht schwer sein, neige die Blume leicht und nähe die Blüte am Rahmen fest.

Wenn du magst, verziere dein Bild mit kleinen aus Strickschlauch gebogenen Schnörkeln oder einem Vogel aus Draht.

WAS DU BRAUCHST

Strickschlauch mit Drahtkern, Blumenvorlagen, optional: Vogelvorlage, evtl. Nadel & Garn in passender Farbe

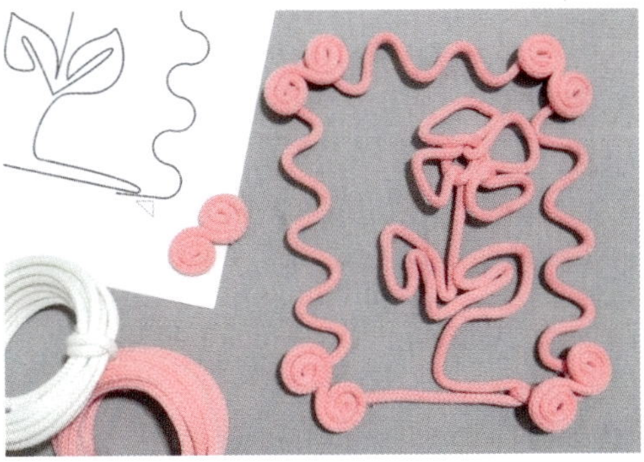

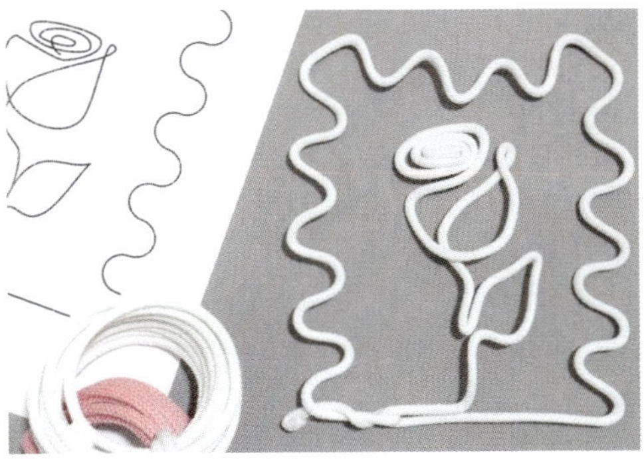

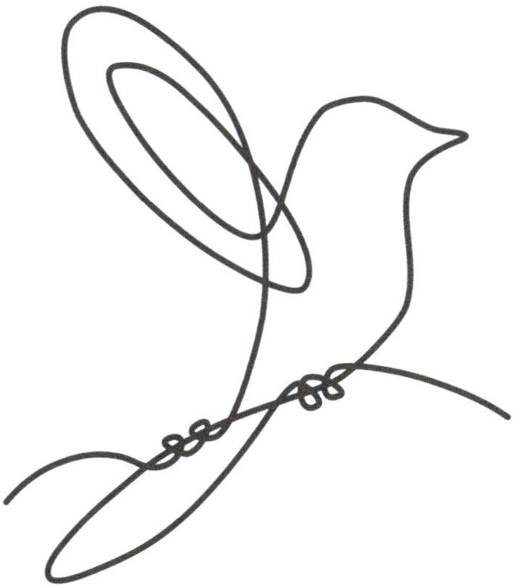

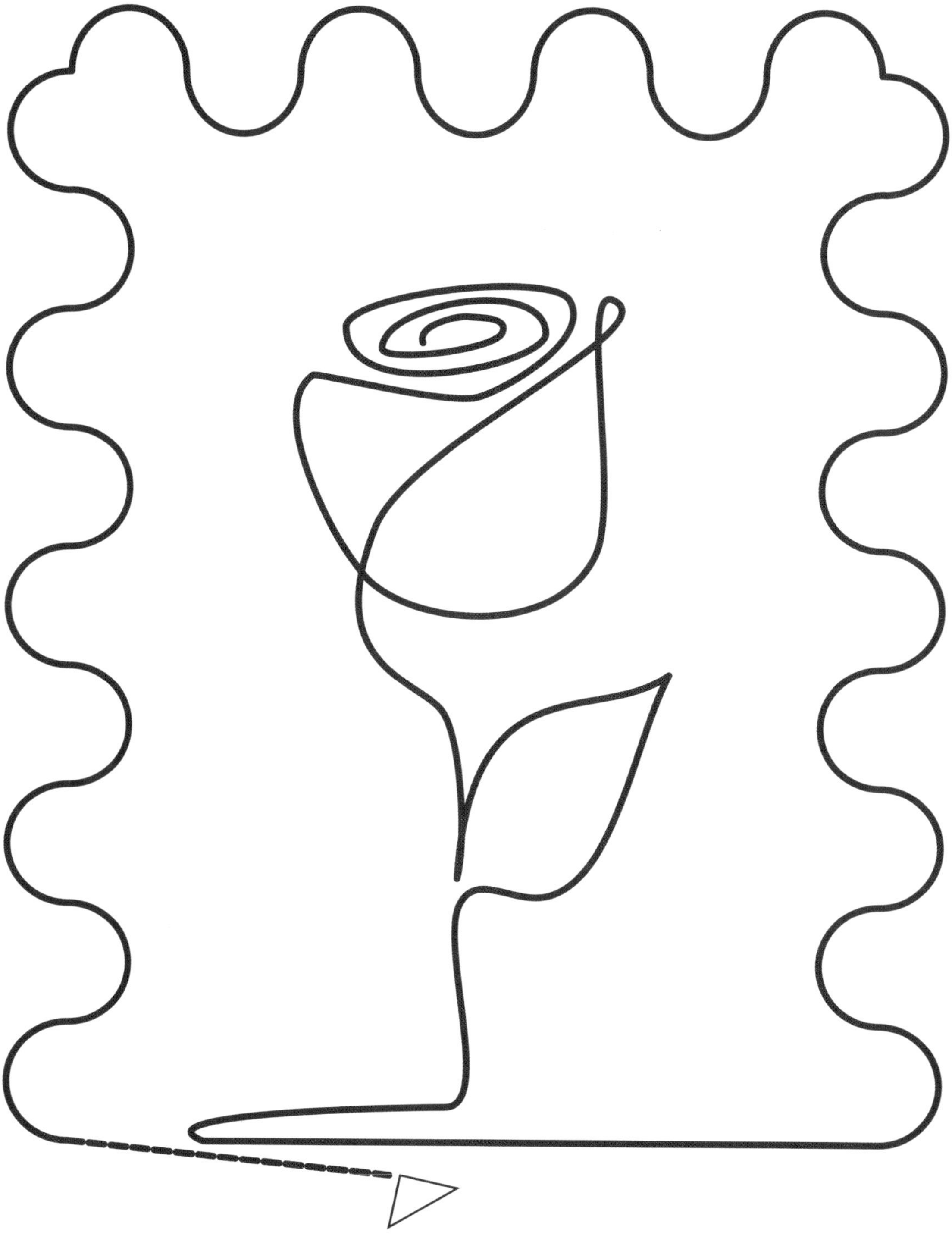

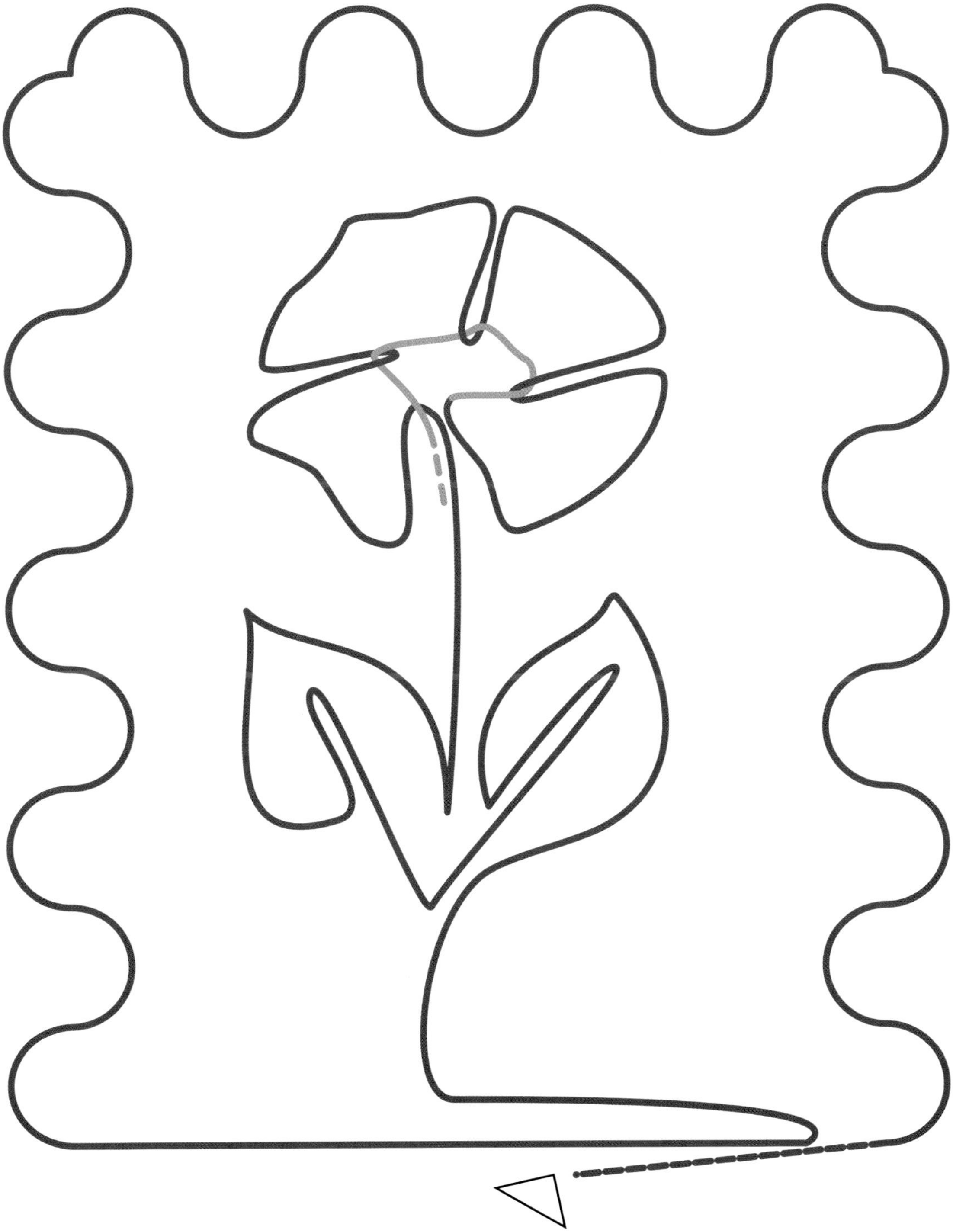

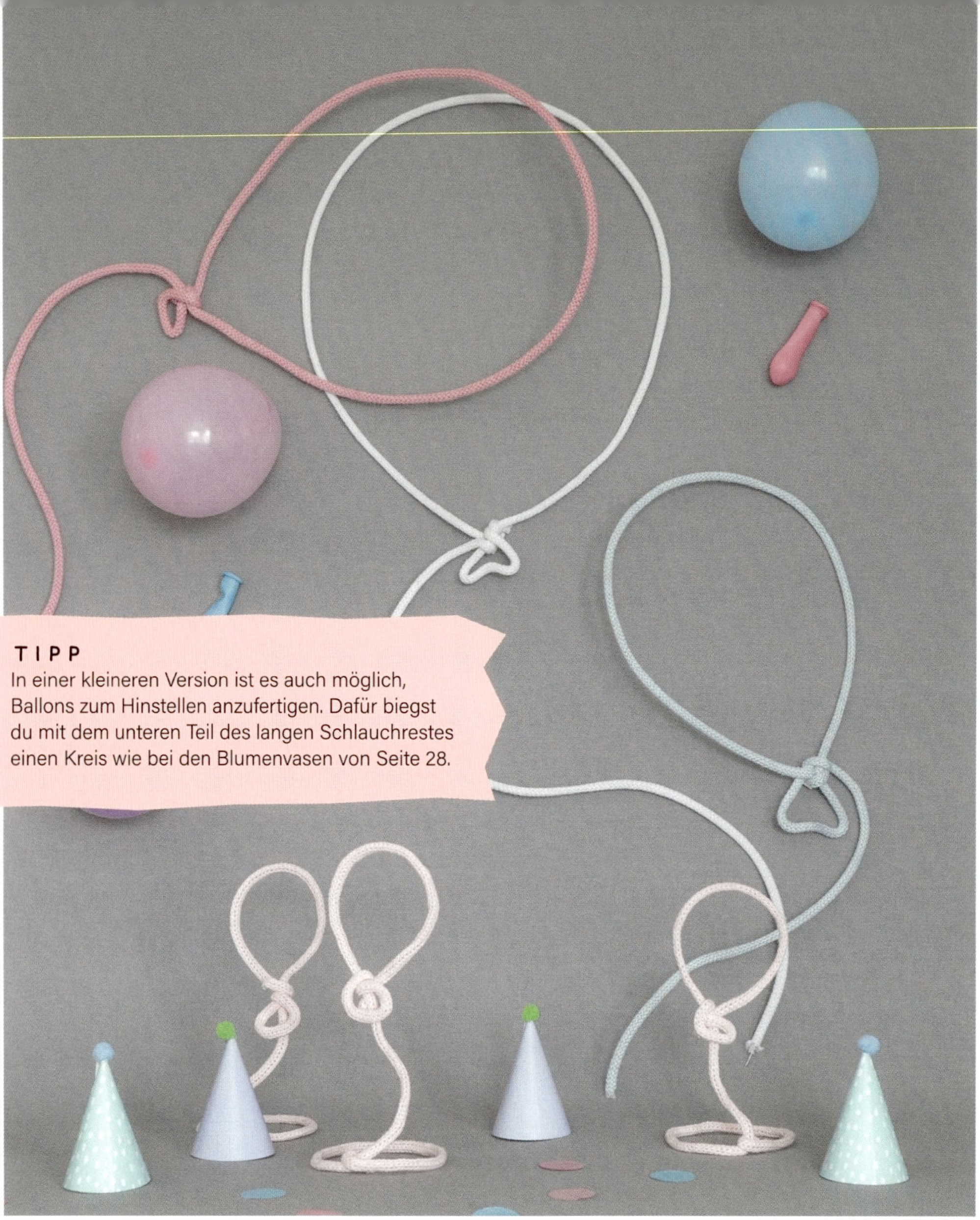

TIPP
In einer kleineren Version ist es auch möglich, Ballons zum Hinstellen anzufertigen. Dafür biegst du mit dem unteren Teil des langen Schlauchrestes einen Kreis wie bei den Blumenvasen von Seite 28.

LUFTBALLONS

Diese Luftballons platzen nie und sind eine nachhaltige Alternative für viele Anlässe, da man sie immer wieder aufs Neue einsetzen kann. Sie eignen sich zum Anpinnen an die Wand, zum Herunterhängen von Decken und Lampen und ebenso zum Hinstellen!

WIE ES GEHT

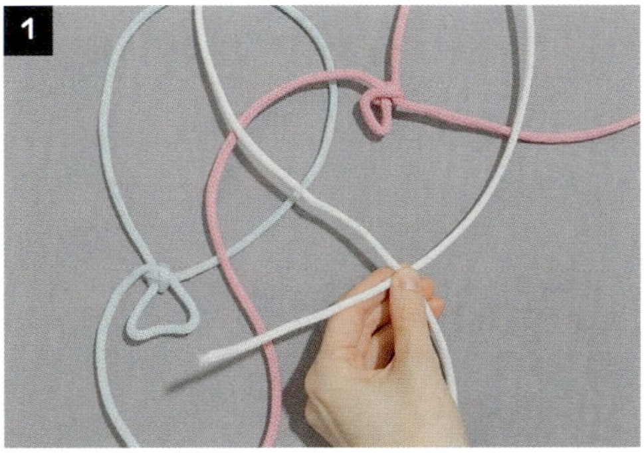

1

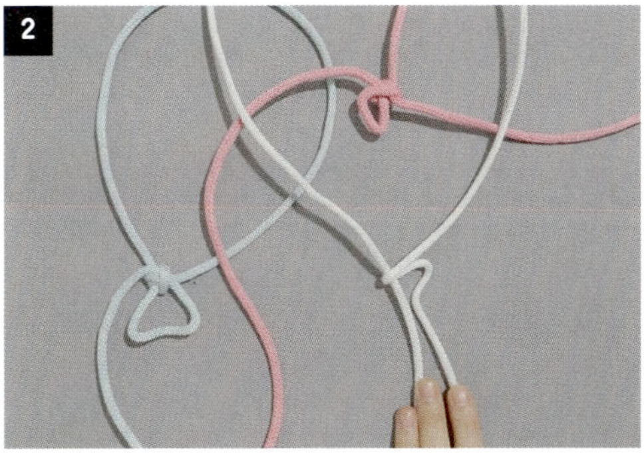

2

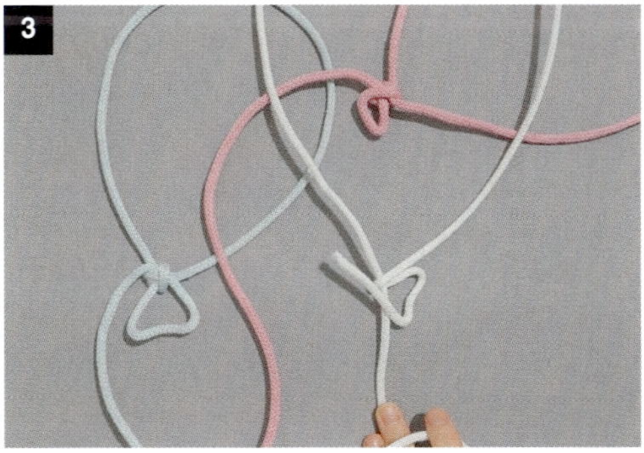

3

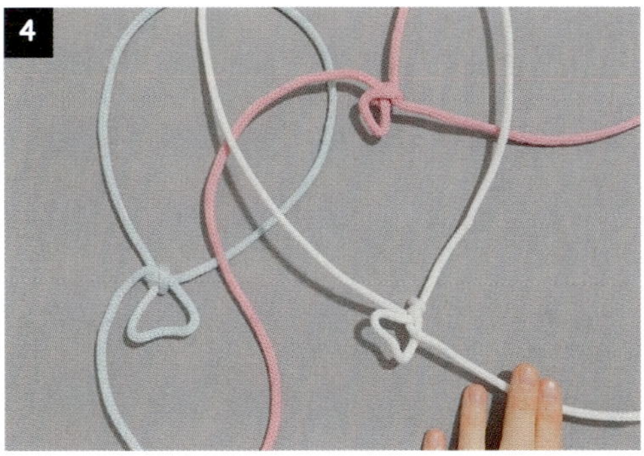

4

WAS DU BRAUCHST

Strickschlauch mit Drahtkern,
Partylaune

1. Lege dir den Strickschlauch so zurecht, dass du einen Kreis formen kannst. Das kurze Ende zeigt hierbei nach links und sollte (abhängig von der Ballongröße) nicht zu kurz sein.

2.–4. Dieses kurze Ende schlägst du um das lange herum und knickst nun ein Dreieck. Verpasse der langen Seite des Dreiecks eine kleine Delle und verzwirble das Ende des kurzen Schlauchrestes um den Kreis.

5. In das lange Ende biegst du zum Schluss noch zwei große Bögen in unterschiedliche Richtungen. Diese Ballons kannst du gut an die Wand kleben oder von der Decke hängen lassen.

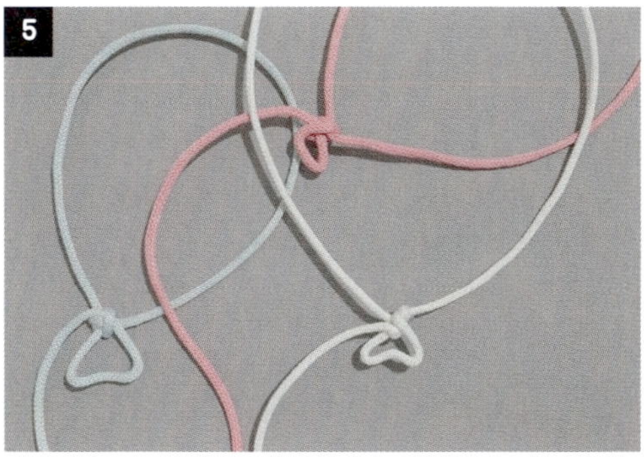

5

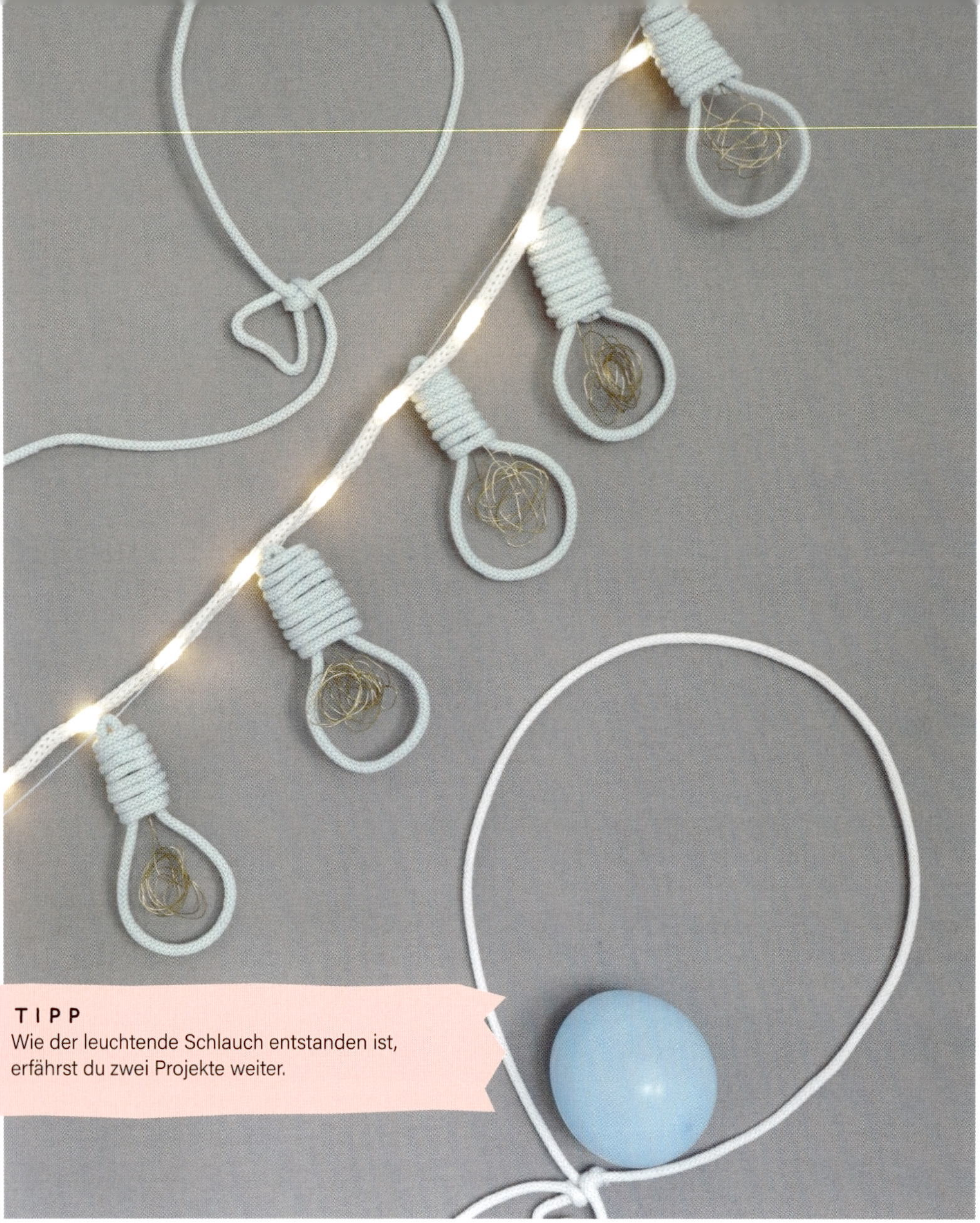

TIPP
Wie der leuchtende Schlauch entstanden ist, erfährst du zwei Projekte weiter.

ENERGIESPARENDE GLÜHBIRNE

Hier geht dir ein Licht auf. Ach Quatsch, gleich mehrere sogar! Als Lichterkette sorgen diese Glühbirnen zusammen mit (Strickschlauch-)Luftballons und Co. für beste Partystimmung.

WIE ES GEHT

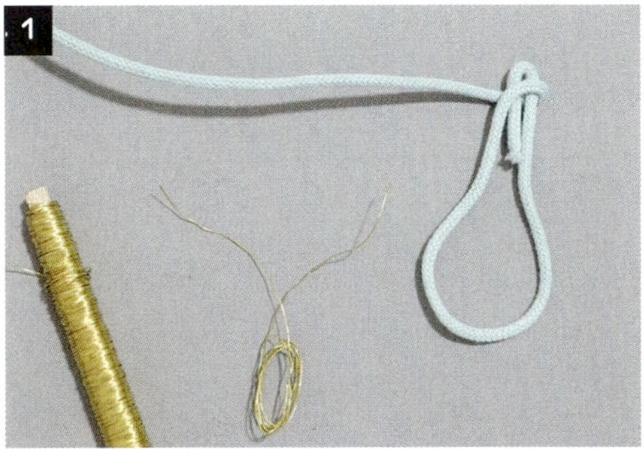

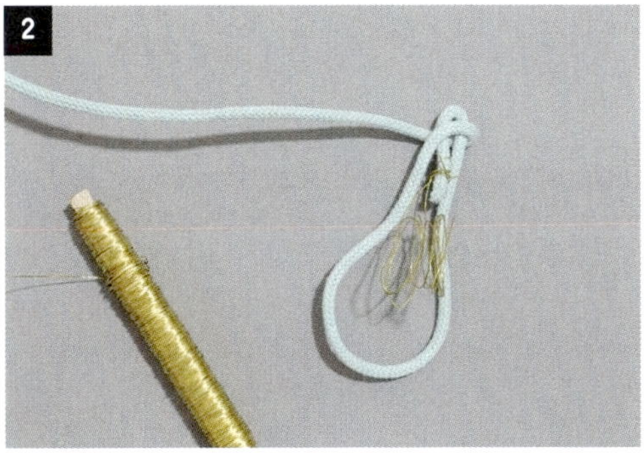

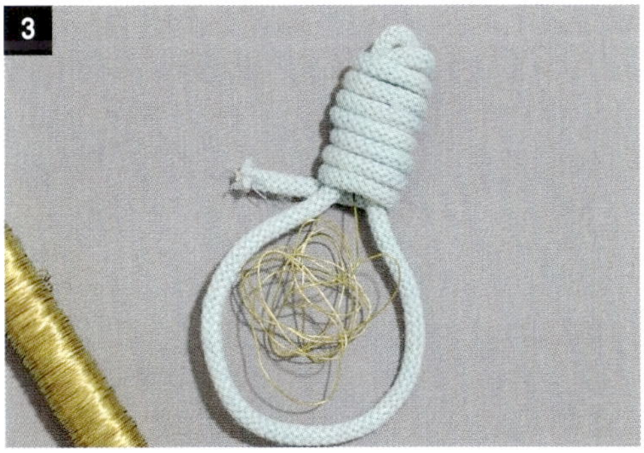

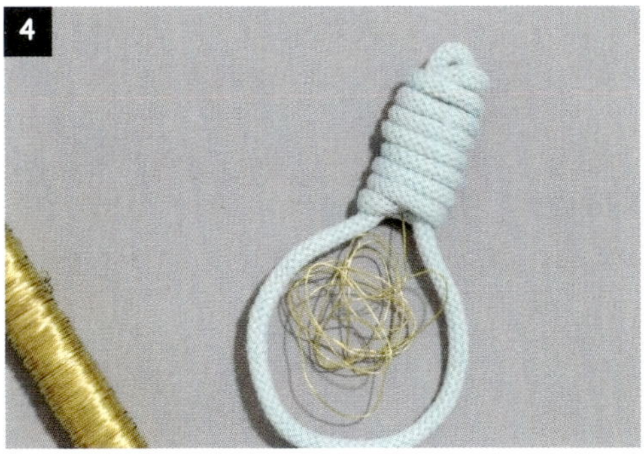

WAS DU BRAUCHST

Strickschlauch mit Drahtkern, Blumendraht, z. B. in Gold; Vorlage Glühbirne

1. Biege die Form der Glühbirne mithilfe der Vorlage zurecht. Nimm dir ein langes Stück Blumendraht und wickle es um zwei deiner Finger auf, lasse die Enden lose.

2. Die offenen Enden des Blumendrahtes wickelst du nun um das mittlere Strickschlauchstück am oberen Glühbirnenteil (also um deinen ursprünglichen Anfang).

3. Nun umwickelst du den oberen Teil der Glühbirne mit deinem langen Reststück Strickschlauch. Wickle diese Spirale nicht zu eng und achte darauf, dass du möglichst gleichmäßig und parallel arbeitest. Gelangst du mit deiner Umwicklung zum Anfang des Kreises, kürze den Schlauch ein.

4. Verstecke zuletzt das Strickschlauchende im Inneren der Spirale. Aufgereiht auf eine Schnur wird eine Lichterkette daraus.

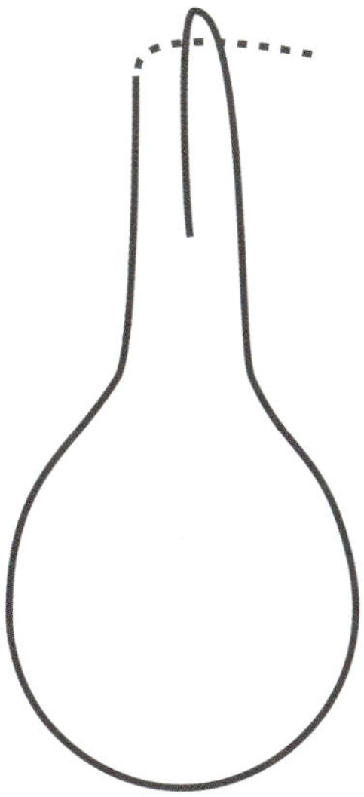

VERWICKELTE OBJEKTE

Ganz fix umwickelst du die verschiedensten Objekte mit Strickschlauch. Ob Flaschen, Dosen oder Kartons – alles lässt sich damit aufhübschen und strömt eine wohlige Gemütlichkeit aus.

WIE ES GEHT

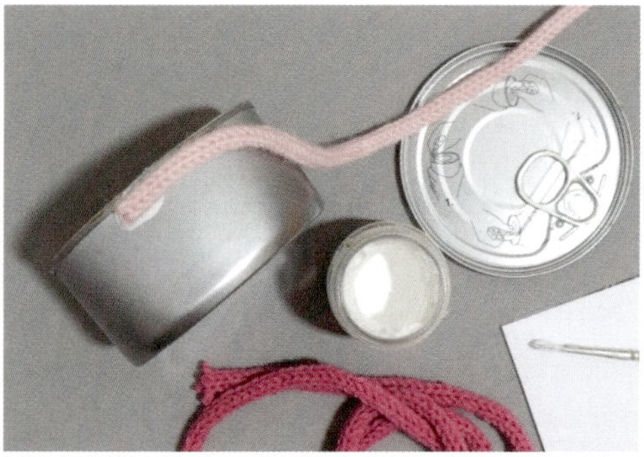

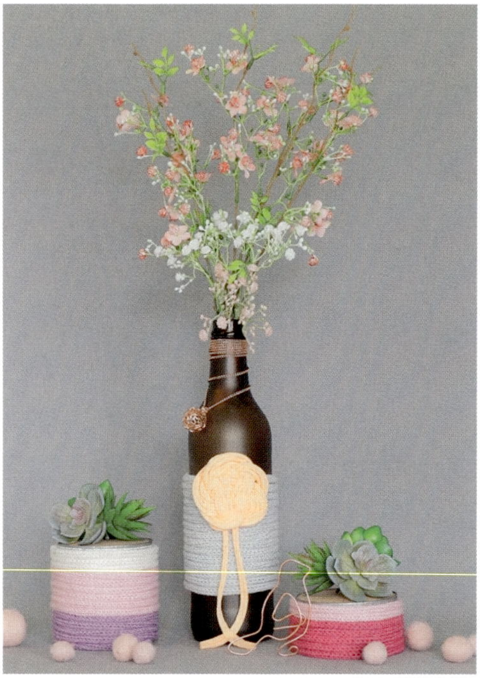

WAS DU BRAUCHST

Flaschen oder Dosen, Bastelkleber, weiteres Dekomaterial

Setze mit Bastelkleber einen Klebepunkt an den Start und befestige damit deinen Strickschlauch. Ist der Kleber getrocknet, wickelst du die Schnur bis zum Ende herum und verklebst schließlich noch das Ende. Möchtest du einen Farbwechsel, vernähe vorher die verschiedenen Schläuche miteinander.

Verziere anschließend deine Dosen und Flaschen weiter. Wie wäre es mit einer Trossenstekmatte aus Textilgarn? Wie du diese herstellst, erfährst du auf Seite 34.

LEUCHTENDE SCHLÄUCHE

Diese Leuchtschläuche erzeugen eine wunderbare heimelige Atmosphäre. Suche mehrere hübsch geformte Flaschen in unterschiedlichen Größen zusammen und stelle verschiedenfarbige Schläuche her. Verziere die Flaschen nach Belieben weiter und befülle sie mit den Schläuchen!

WIE ES GEHT

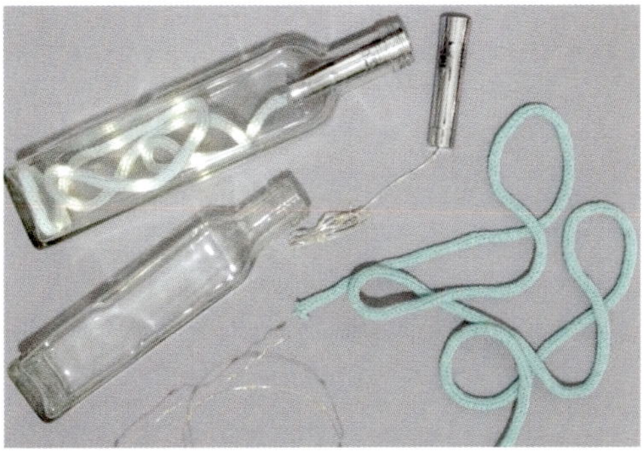

WAS DU BRAUCHST

Altglasflaschen; Lichterkette mit Micro-LEDs für Flaschen; DIY-Strickschlauch, etwas länger als deine Lichterkette

Knicke den Anfang der Lichterkette zu einer Schlaufe und führe sie so durch den Tunnel deines Strickschlauches. Verschließe den Schlauch, wenn du die Lichterkette komplett hineingezogen hast.

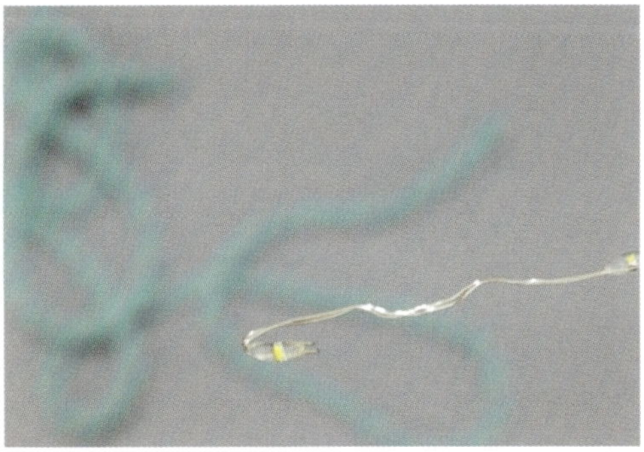

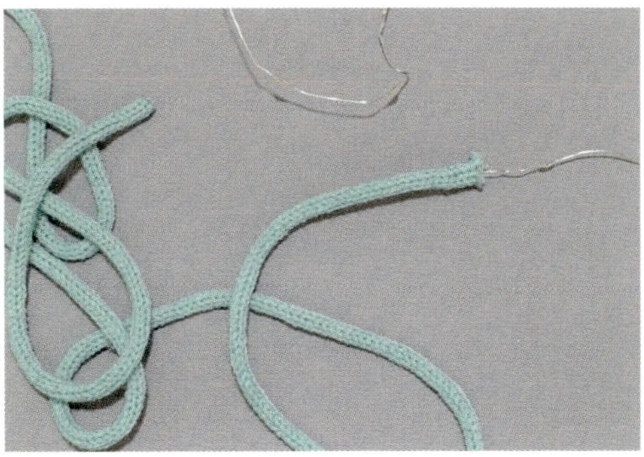

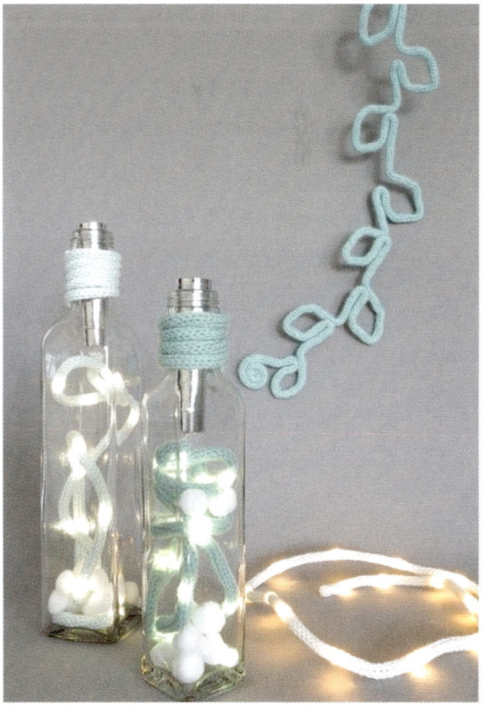

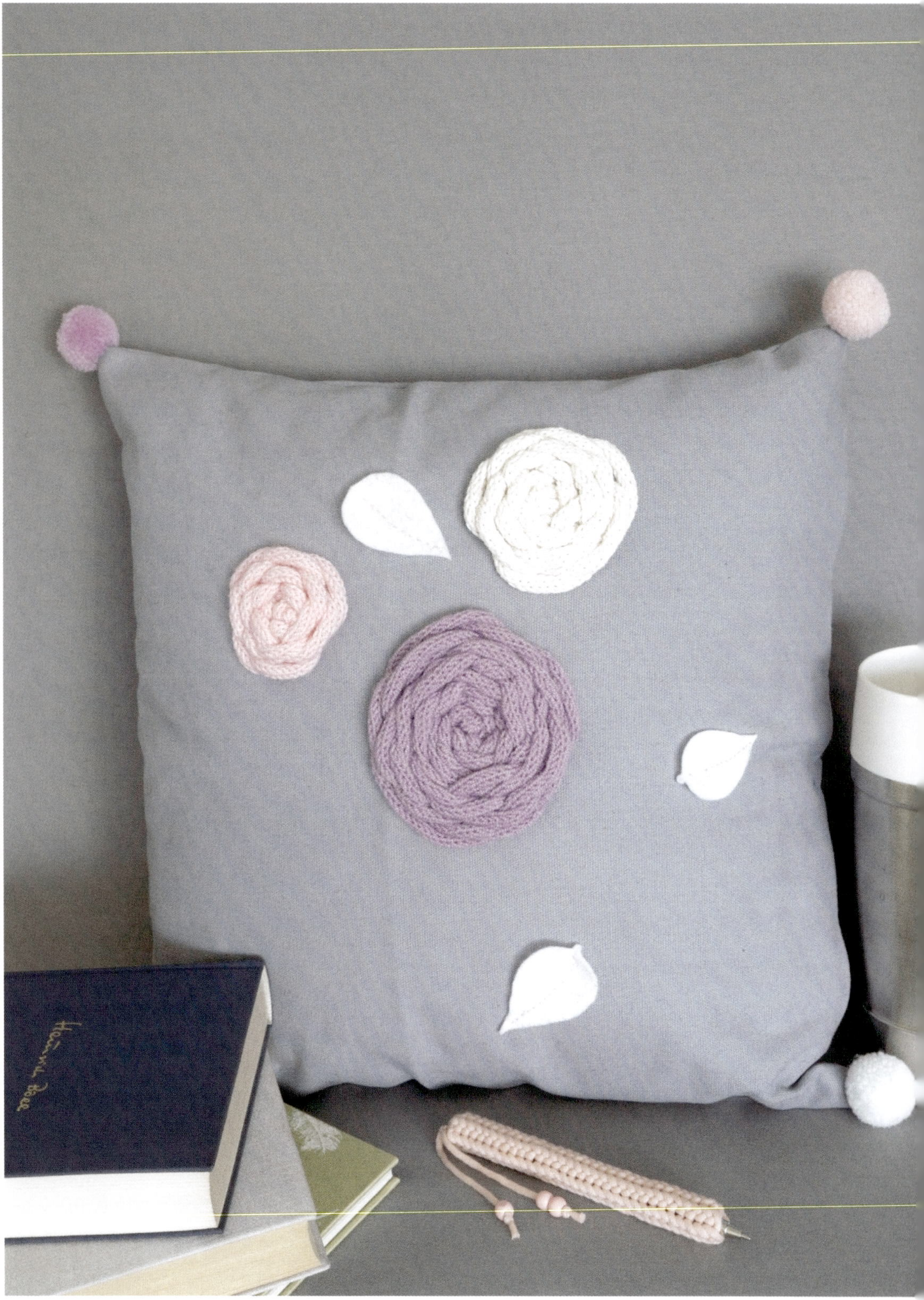

KISSENBEZUG

Kissenbezüge kann man (fast) nicht genug haben. Je nach Jahreszeit bringen sie frischen Schwung und eine andere Atmosphäre in den Wohnraum.

WAS DU BRAUCHST

- Kissenbezug zum Besticken
- Strickschläuche ohne Drahtkern in diversen Farben
- Stickgarn in Weiß & in Farben, die zu den Blumen passen
- Nähgarn oder aufgedröseltes Stick-garn
- optional: Stickrahmen
- weißen Filz
- Schere
- Nähnadel
- Blättervorlage
- kleine Pompons

WIE ES GEHT

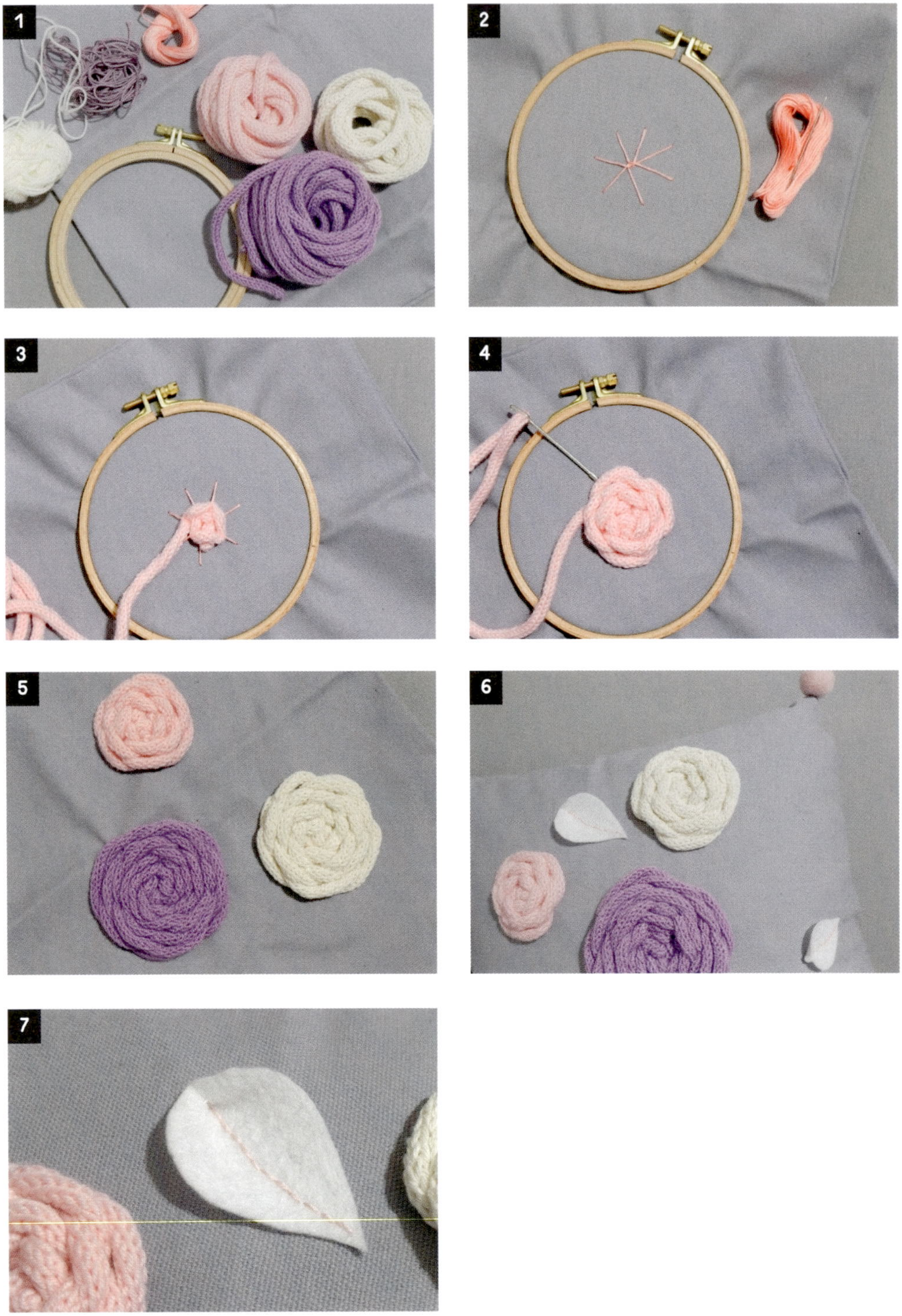

1.–2. Sticke mit Stickgarn sieben gleich lange Speichen auf den Kissenbezug, die kreisförmig angeordnet sind, und zwar da, wo später die Blumen hinsollen. Du stichst nur durch eine Stoffschicht, das kannst du mit oder ohne Stickrahmen machen.

3. Am Mittelpunkt der Speichen beginnend nähst du zunächst den Strickschlauch mit einem gleichfarbigen Garn fest und führst ihn anschließend recht locker abwechselnd über und unter den Speichen hindurch. Ob dies nun rechtsherum oder linksherum passiert, ist dir überlassen. Hauptsache, du behältst die Richtung bis zum Schluss bei. Je mehr Runden du hast, umso mehr schieben sich diese zusammen und ergeben eine Blütenform. Stellt sich bei der Arbeit heraus, dass dein Strickschlauch zu kurz ist, vernähe ihn einfach mit einem weiteren Stück Schlauch.

4. Bist du mit deiner Blüte fertig (von den Speichen ist nun nichts mehr zu sehen), kürze den Schlauch, vernähe sein Ende, verstecke es unter den vorherigen Runden und näh es am Stoff fest.

5. Besticke dein Kissen nach und nach mit mehreren Blumen.

6.–7. Übertrage mithilfe der Vorlage mehrere Blätter in unterschiedlicher Größe auf weißen Filz und schneide sie aus. Nähe ein kleines Stück an ihrem dicken Ende zusammen, so dass eine Wölbung im Blatt entsteht. Die Blätter nähst du anschließend, z. B. mit rosafarbigem Garn, auf dem Kissen zwischen den Blumen fest. Abschließend kannst du die Ecken des Kissens mit Pompons verzieren. Nähe diese mit einem Garn in der Farbe des jeweiligen Pompons fest.

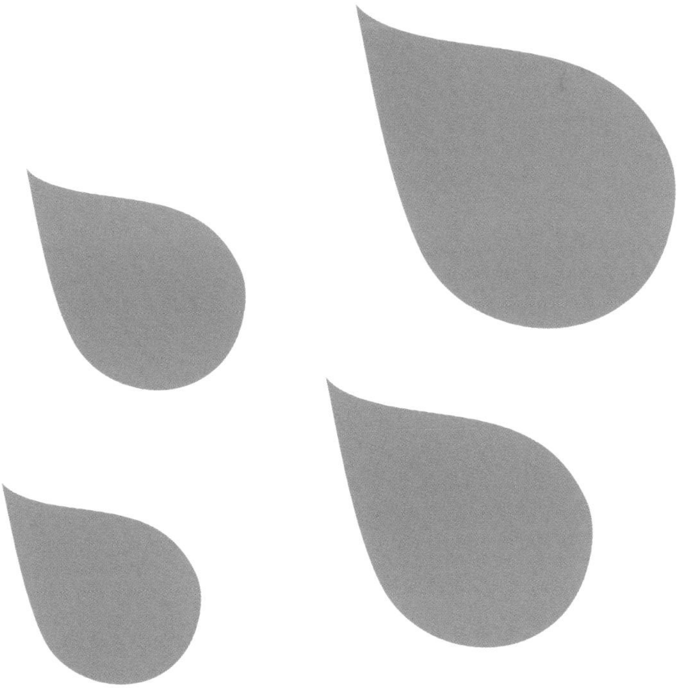

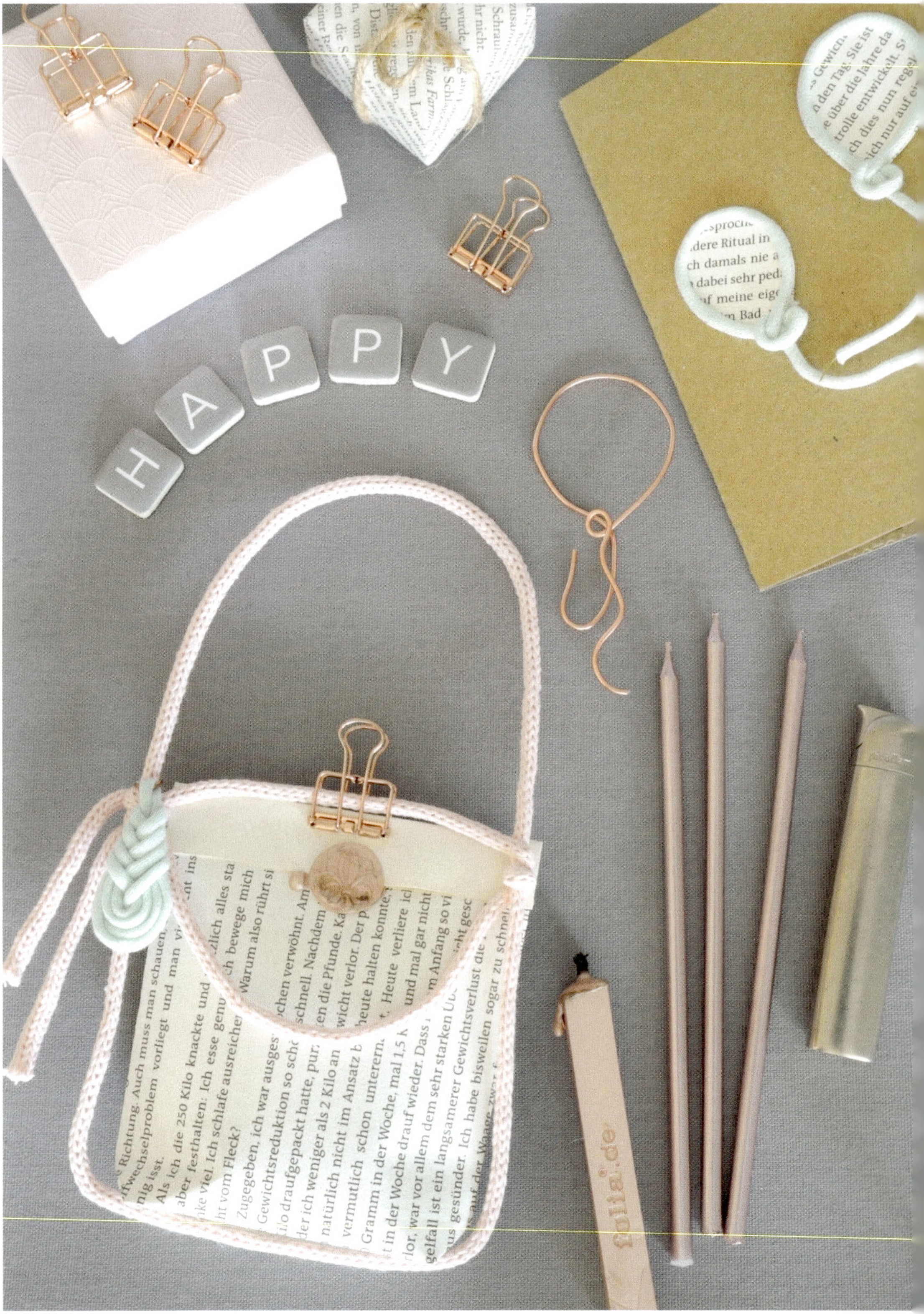
HAPPY

GESCHENKTASCHE

Diese etwas andere Geschenkverpackung macht mit wenig Aufwand aus kleinen Aufmerksamkeiten einen ganz großen Moment.

WAS DU BRAUCHST

- Strickschlauch mit Drahtkern
- Vorlage Tasche
- Schere
- Seite aus einem alten Buch
- Klebestift
- Foldback-Klammer
- optional: Siegelwachs
- optional: Schnur für den Anhänger

ZUSATZIDEE

Geschenkkarte mit aufgeklebten Objekten aus diesem Buch. Dafür eignen sich z. B. die Luftballons (S. 50), die Blumen (S. 48) oder der Eukalyptuszweig (S. 31). Für einen farblichen Kontrast können diese Objekte zusätzlich von hinten mit einem Papier beklebt werden.

DIE DRAHTTASCHE

WIE ES GEHT

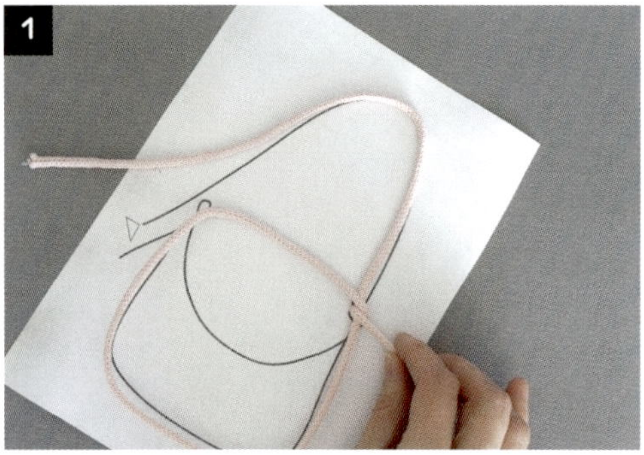

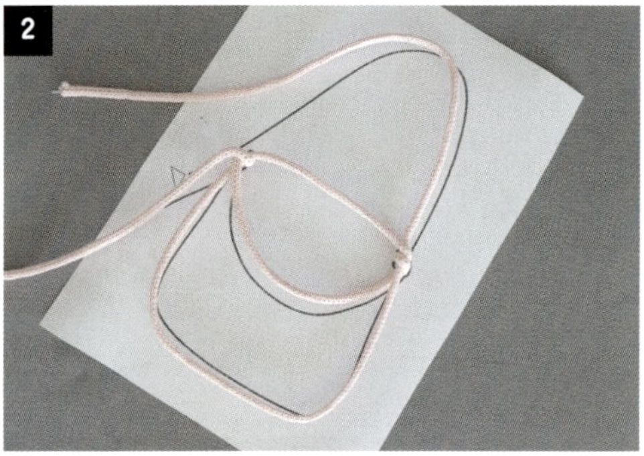

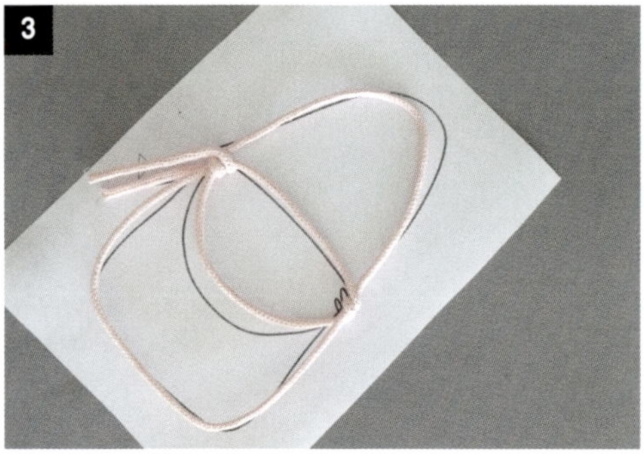

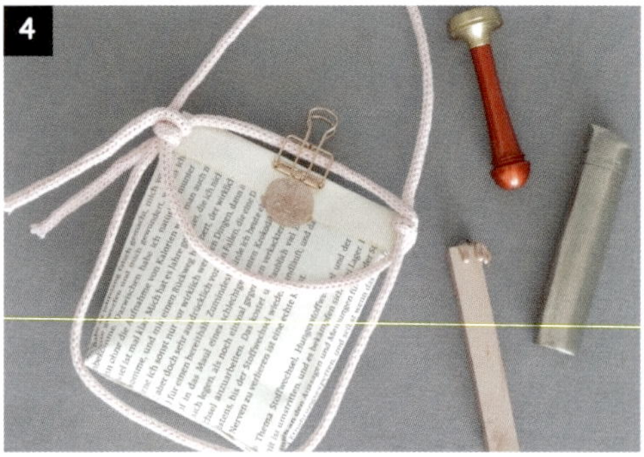

1. Biege die Tasche mithilfe der Vorlage. Beginne mit der linken Seite des Tragegurtes (weißes Dreieck). Verankere anschließend den Taschenkorpus am rechten Gurt, indem du den Strickschlauch hier zweimal herumzwirbelst.

2. Biege die Taschenlasche und verankere sie an der gegenüberliegenden Seite deines ersten Ankerpunktes.

3. Hier verzwirbelst du nun auch die Anfangsschlaufe. Schneide die Enden auf eine passende Länge zurecht. Der Draht kann hier sehr stark gekürzt werden, dann hängen die Enden lockerer.

4. Klemme mithilfe einer Foldback-Klammer die Papiertüte in die Drahttasche. Verziere den Verschluss mit einem farblich passenden Siegelwachs. Optional darf noch ein Pipaknoten-Anhänger daran. Die Anleitung dafür findest du im Projekt (Ab-)Hängende Katze auf S. 70.

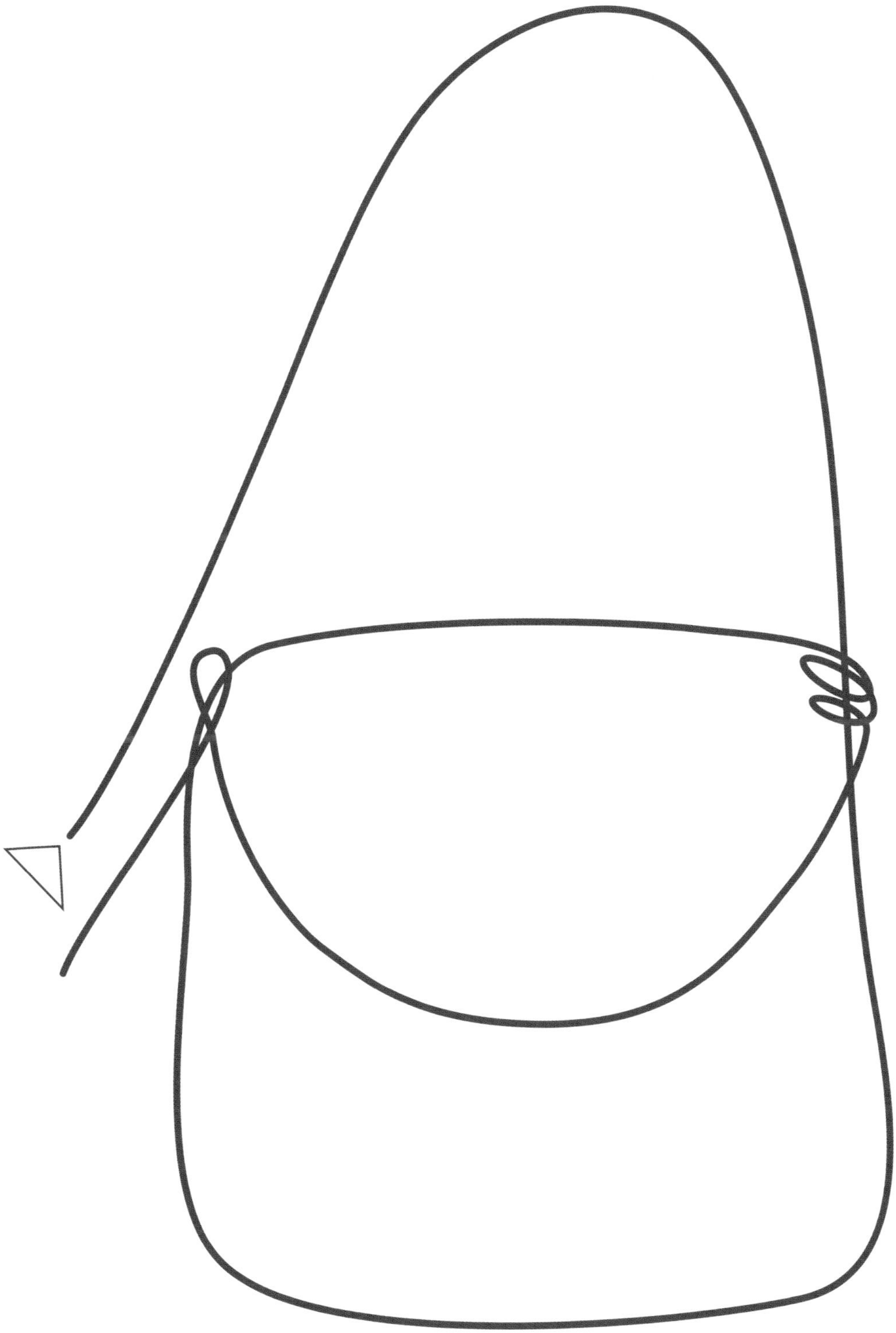

DIE PAPIERTÜTE

WIE ES GEHT

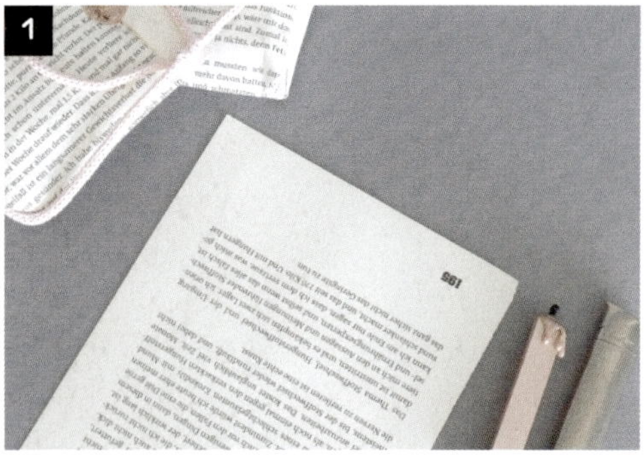

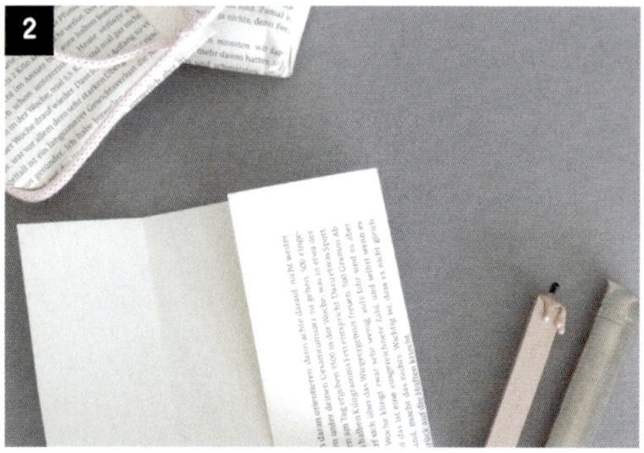

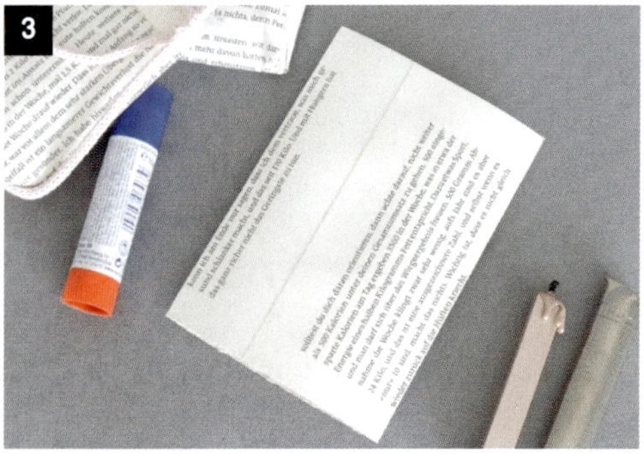

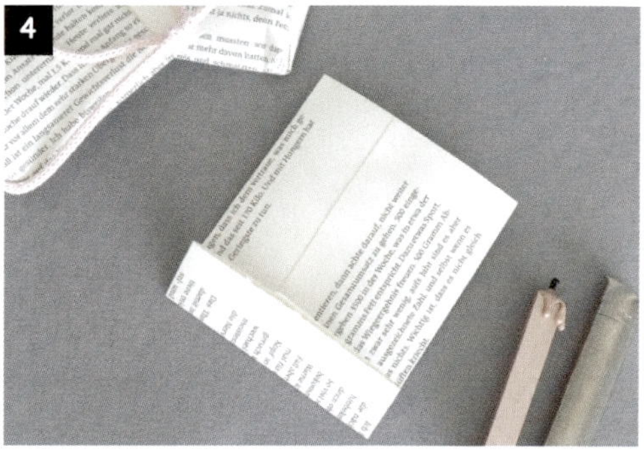

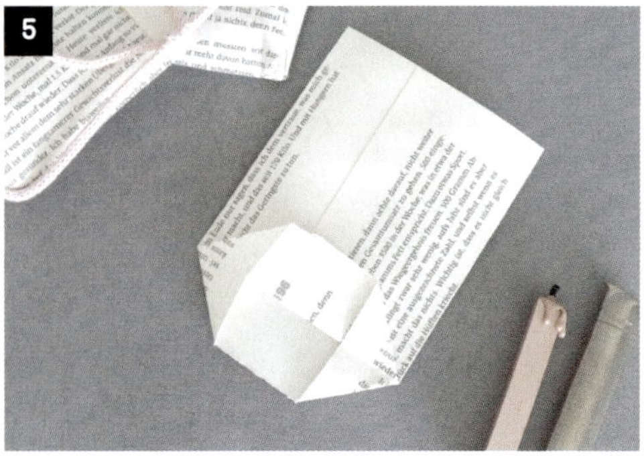

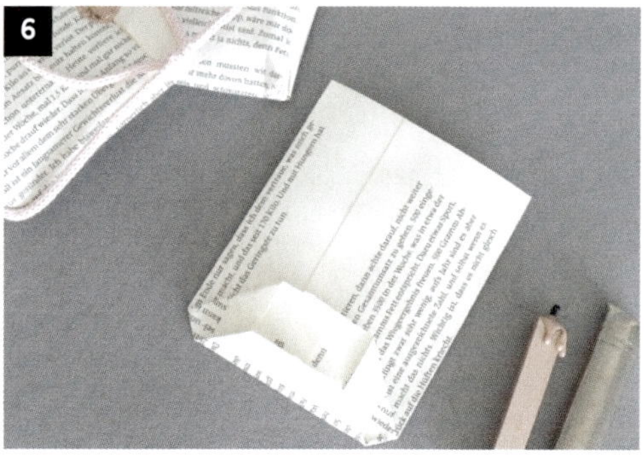

1.–3. Lege das Papier so, dass der raue, gerissene Rand einer Buchseite unten liegt. Falte nun die Seiten knapp über die Mitte und klebe sie zusammen.

4.–7. Falte den unteren Rand hoch und klappe ihn anschließend, wie im Bild gezeigt, auf. Nun knickst du die untere Kante nach oben und die obere nach unten, sodass diese einander überlappen. Klebe den sich überlappenden Bereich zusammen. Jetzt hat die Papiertüte einen Boden.

8. Stecke deine Hand in die Tüte und plustere sie auf.

9. Knicke den oberen Rand einmal nach vorne um (der geklebte Rand ist auf der Rückseite) und schließe die Tüte mit der Foldback-Klammer.

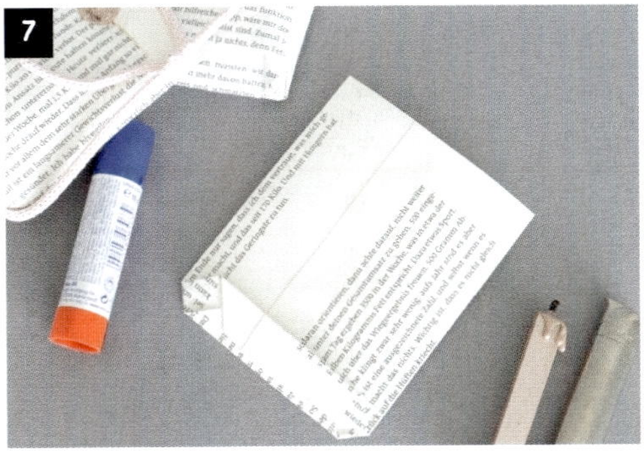

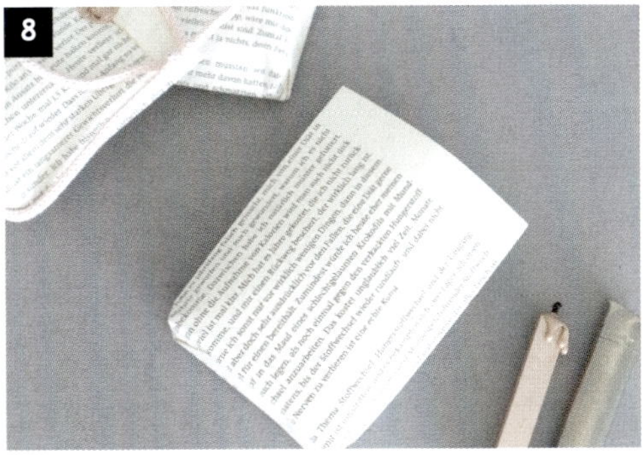

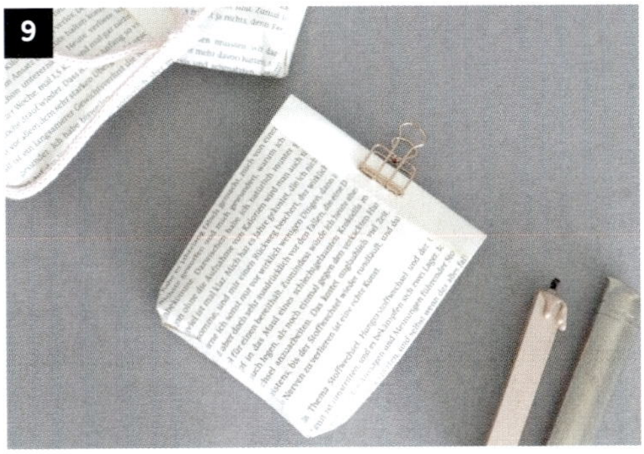

EINE SCHÖNE GESCHENKIDEE

Ohrhänger aus einem Pipaknoten

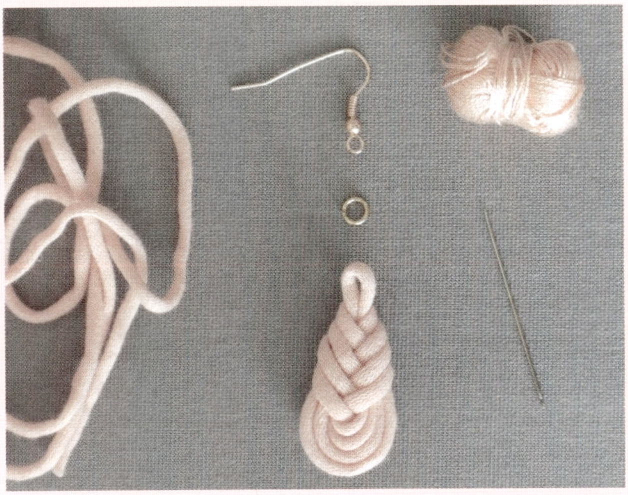

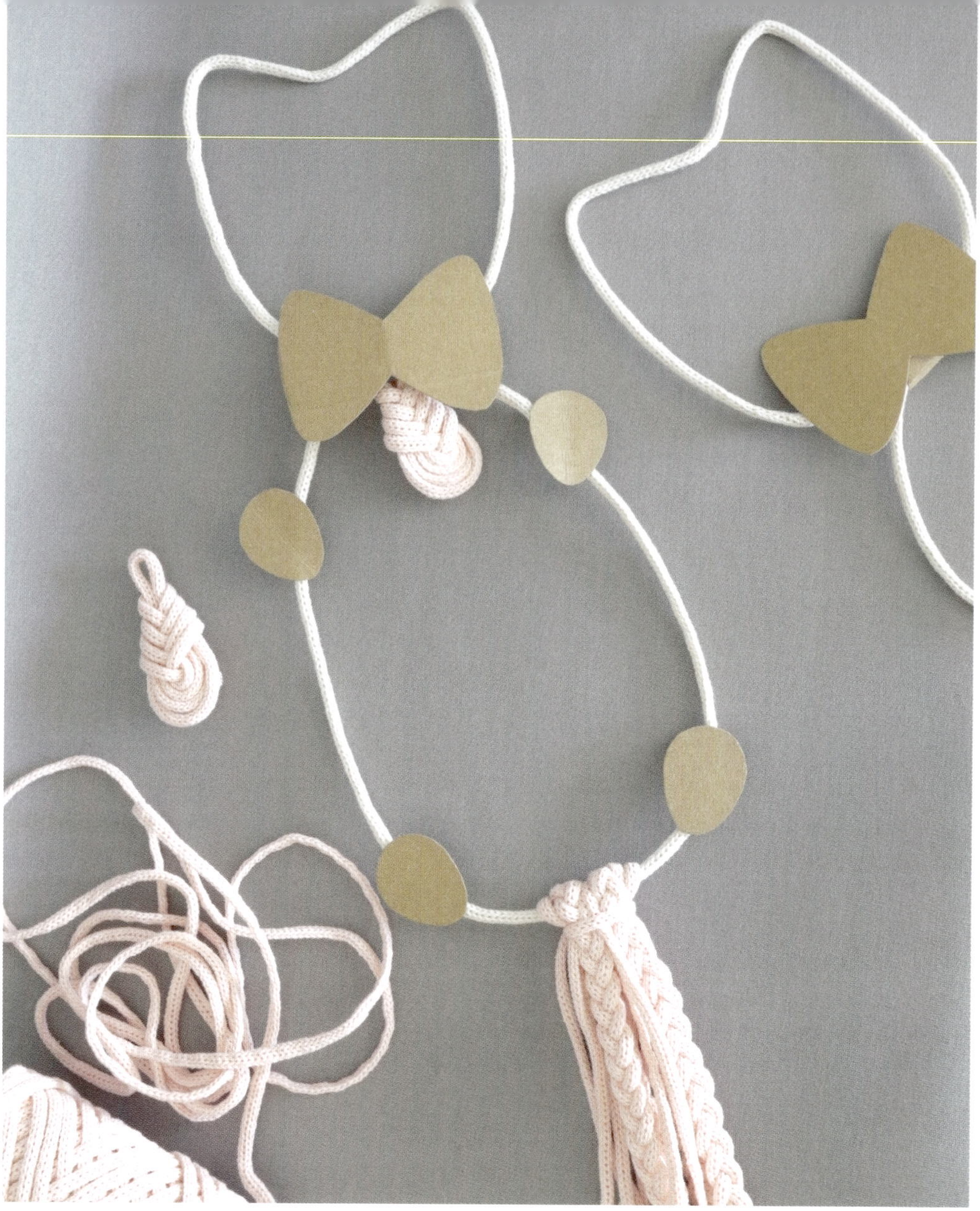

HÄNGENDE KATZE & PIPAKNOTEN

Diese chillende Katze kann – dank einer gelenkigen Verbindung – ihren Kopf nach Lust und Laune neigen, ganz wie es ihr gefällt.

CHILLIGE KATZE

WIE ES GEHT

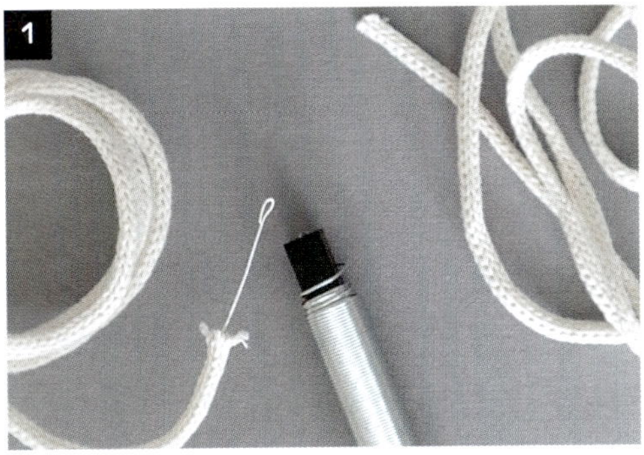
1

WAS DU BRAUCHST

Vorlage Katze, Strickschlauch in Beige ohne Drahtkern & Rosa mit Drahtkern, Schere, Draht, Pappe, Bastelkleber, Nadel & Faden

1.–3. Versehe deinen beigen Strickschlauch mit Draht und biege damit den Katzenkopf (dunkle Linie der Vorlage) zurecht, sodass Schlauchanfang und -ende sich im Kinnbereich überlagern. Vernähe den sich überlappenden Bereich und schneide überstehende Enden ab.

4.–5. Verfahre genauso mit einem weiteren Stück Strickschlauch mit Draht für den Körper der Katze (hellgraue Linie der Vorlage). Vernähe hier Schlauchanfang und -ende im Halsbereich. Knote dir einen Pipaknoten aus dem rosa Strickschlauch. Wie das geht, erfährst du auf Seite 70.

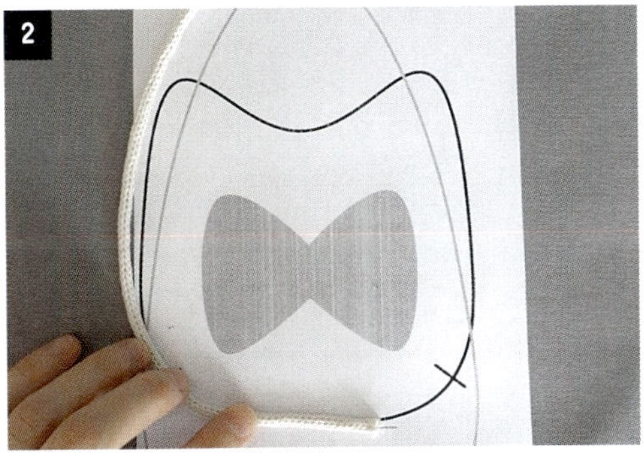
2

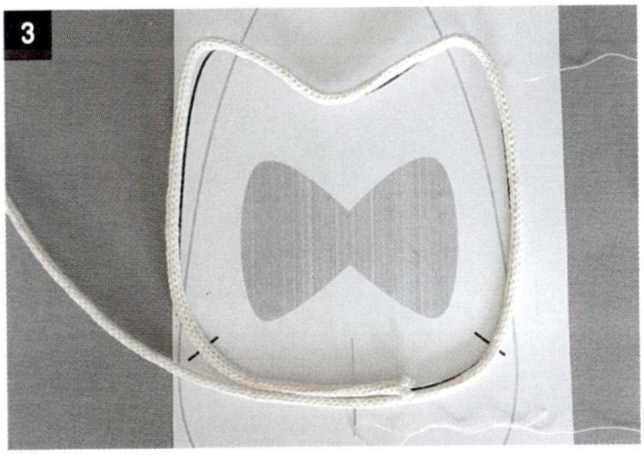
3

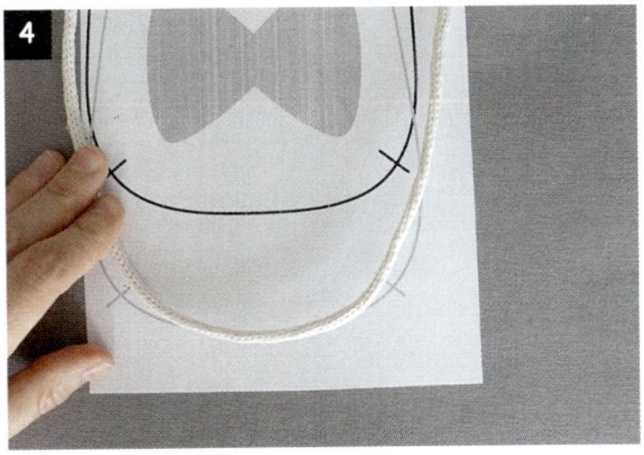
4

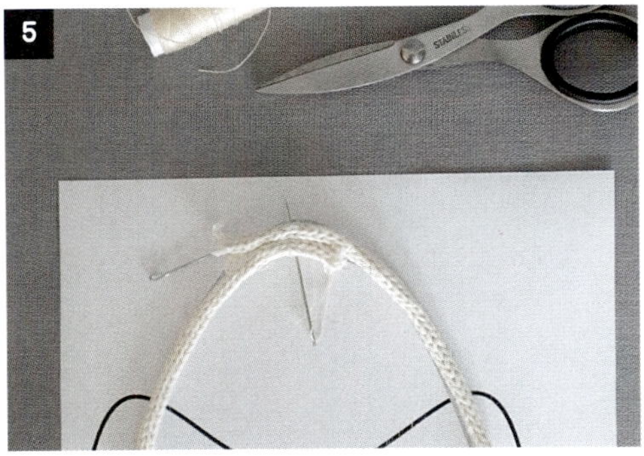
5

CHILLIGE KATZE

FORTSETZUNG

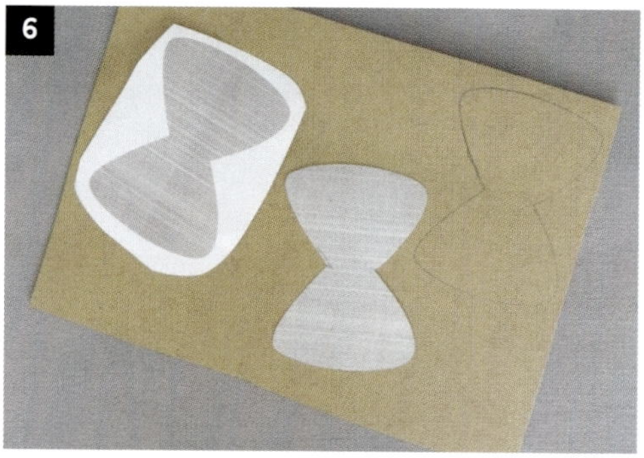

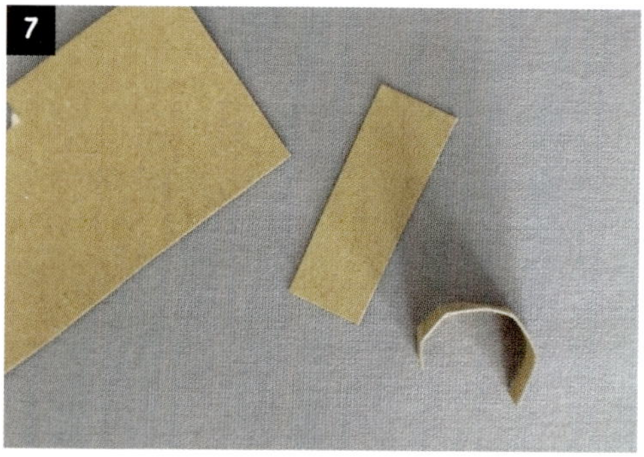

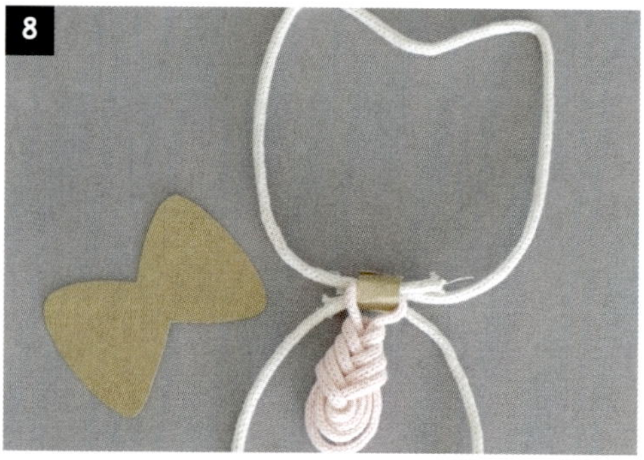

6.–8. Schneide aus einem Stück Pappe eine Schleife (grau gefüllte Schleifen-Vorlage) sowie einen Streifen zurecht. In Letzteren hängst du den Pipaknoten mit seiner Schlaufe ein. Dann verklebst du den Streifen mit Bastelkleber um die Kinn- und Halspartie, sodass diese beweglich bleibt. Klebe die Schleife darauf.

9.–10. Nun schneidest du noch die Pfoten aus und klebst sie auf. Die ungefähren Positionen sind mit gestrichelten Linien in der Vorlage markiert. Aus rosa Strickschlauch wird der Schwanz, indem du diesen nach Lust und Laune flichtst und/oder in einzelnen Strängen an den untersten Teil einhängst und mit einem weiteren Strang verknotest. Achte darauf, dass dieser nicht zu schwer wird.

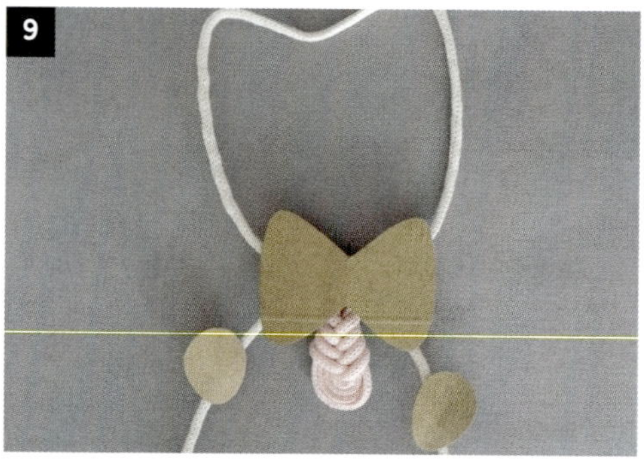

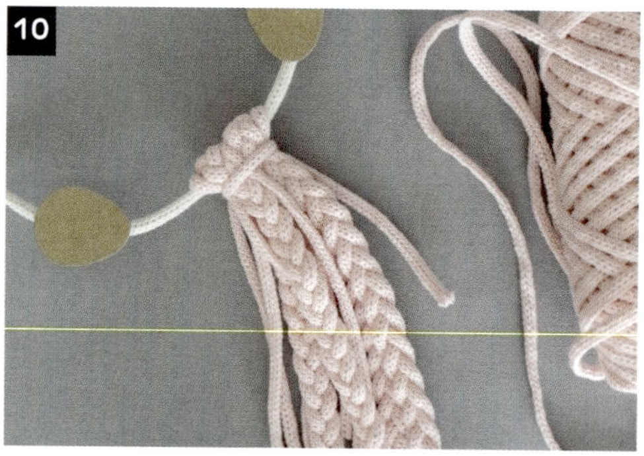

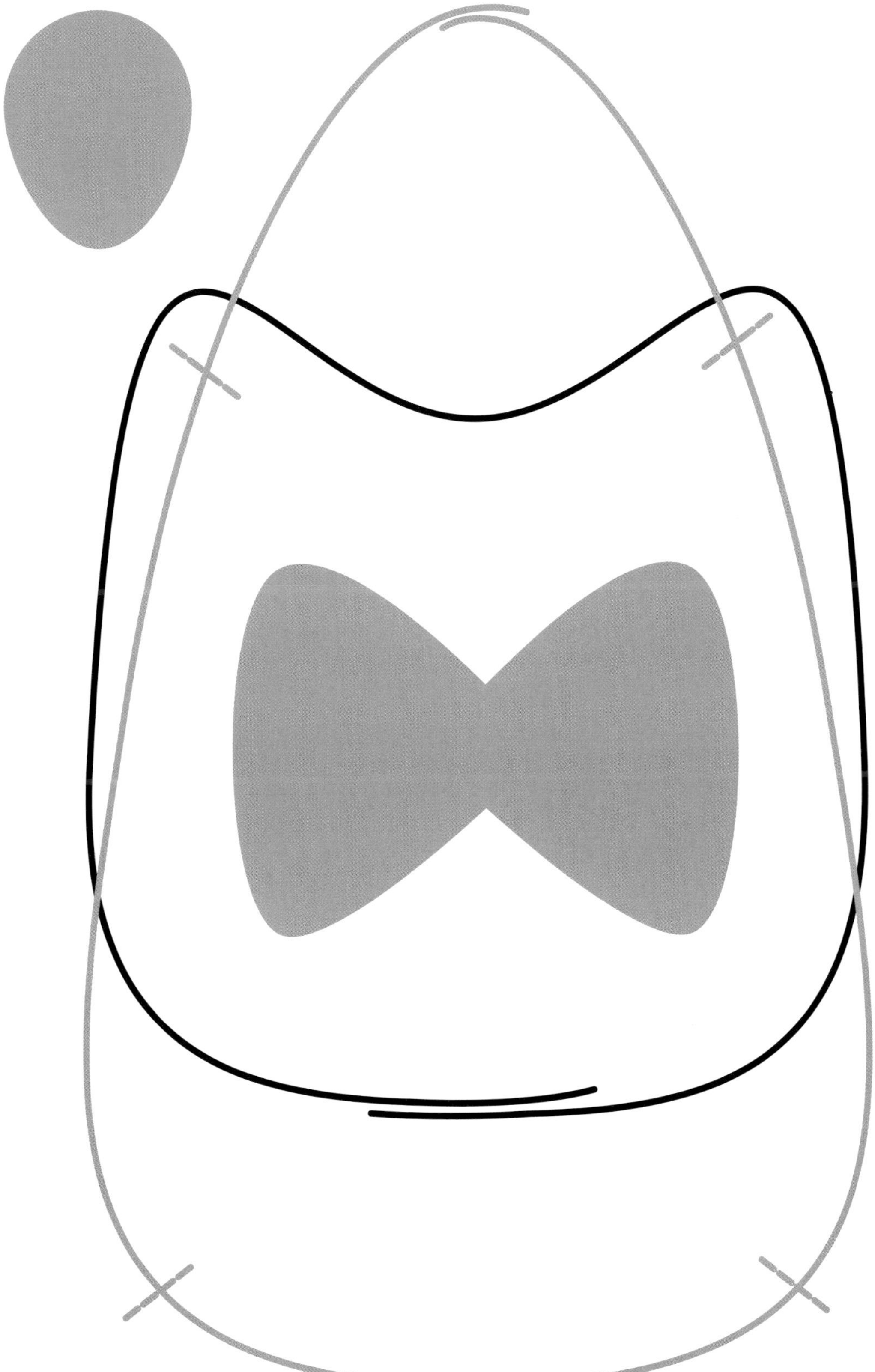

PIPAKNOTEN

WIE ES GEHT

1
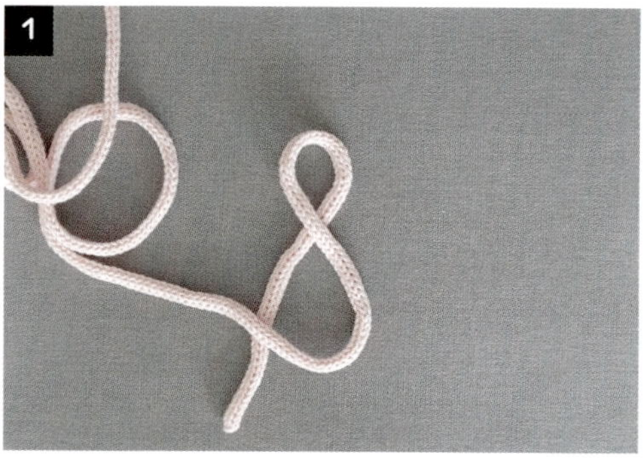

2
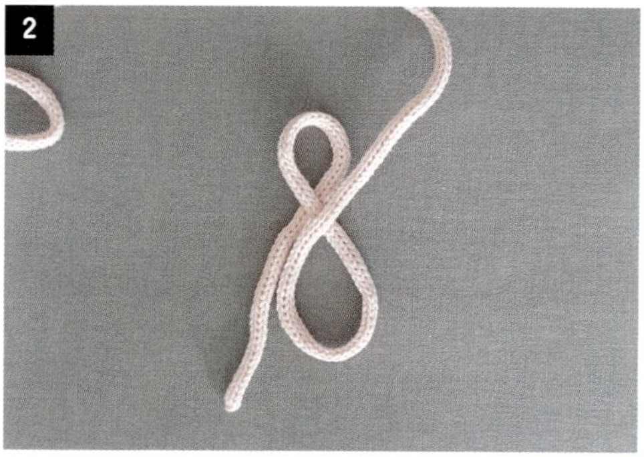

3
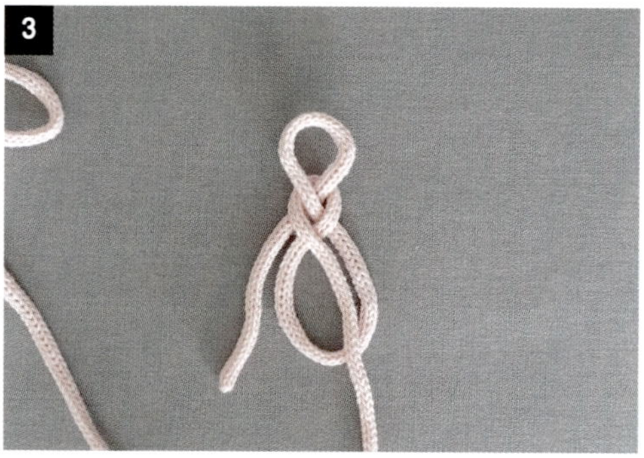

4
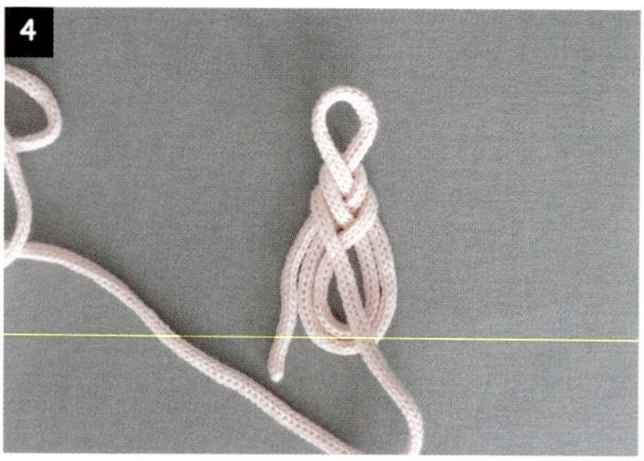

WAS DU BRAUCHST

Strickschlauch ohne Drahtkern, Ø 4 mm;
Nadel & Faden in Schlauchfarbe

1. Forme das Garn zu einer Acht mit ca. 6 cm Höhe. Dabei liegt der lange Faden über dem kurzen Ende.

2.–3. Mit dem langen Faden startest du eine zweite Runde und wickelst einen ‚Schal' um den Hals der Acht. Nun legst du den Strickschlauch nochmal genauso, wie er bereits liegt, am inneren Rand des Bauches der Acht entlang.

4. Den zweiten Schal legst du unterhalb des ersten Schals herum und beginnst die nächste Runde am inneren Rand des Achter-Bauches entlang.

5. Der dritte Schal liegt unter dem zweiten. Während die Runden des Bauches immer kleiner werden, wird der Schal immer größer.

6. Falls du noch genügend Platz hast, legst du eine weitere Runde.

7.–8. Die Größe deiner Acht bestimmt, wie viele Runden du legen kannst. Ist keine weitere mehr möglich, schiebst du das lange Fadenende durch den ‚Bauchnabel' der Acht.

9. Auf der Rückseite deines Pipaknotens kürzt du die losen Enden so, dass sie von vorne nicht mehr zu sehen sind, und nähst sie an den ‚Bauchreihen' fest. Die obere Schlaufe musst du so groß machen, dass sie um den Pappstreifen passt, den du an den Hals der Katze klebst.

10. Fertig ist dein Knoten!

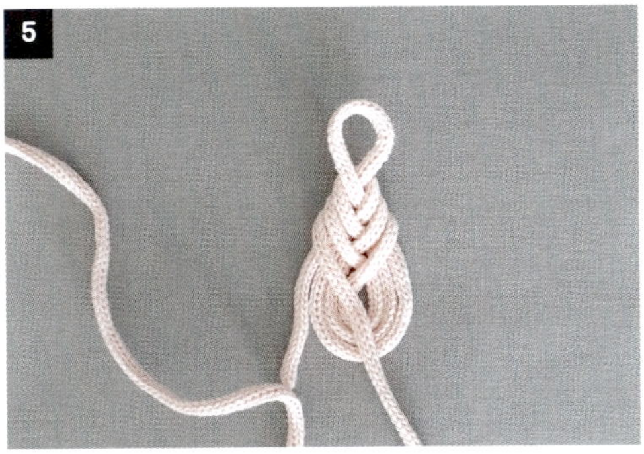

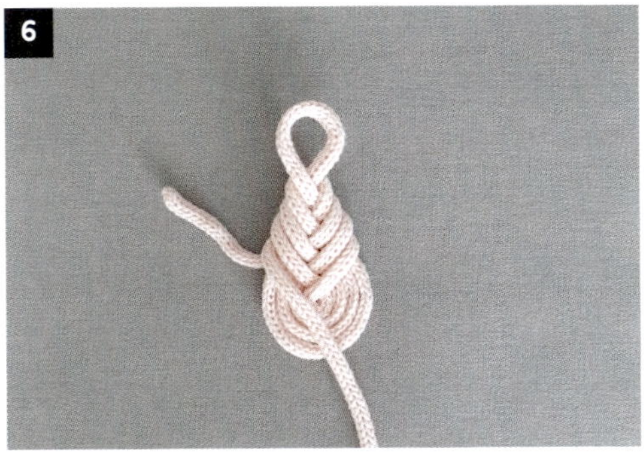

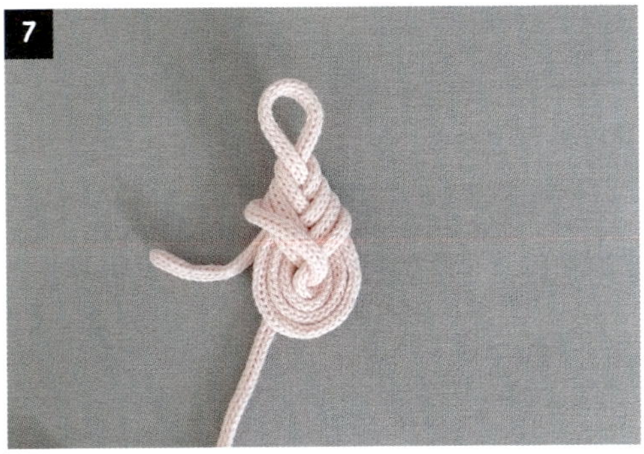

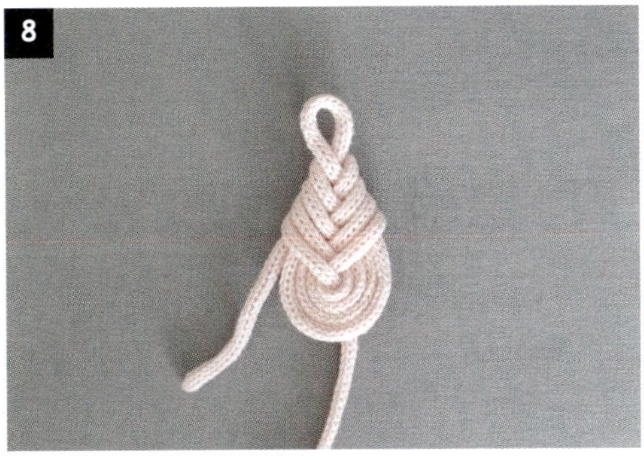

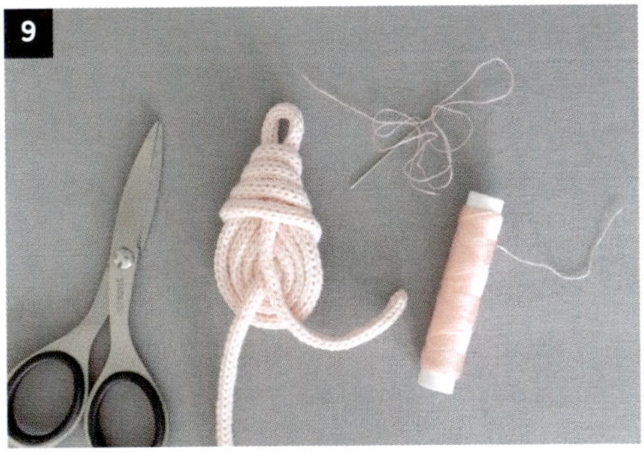

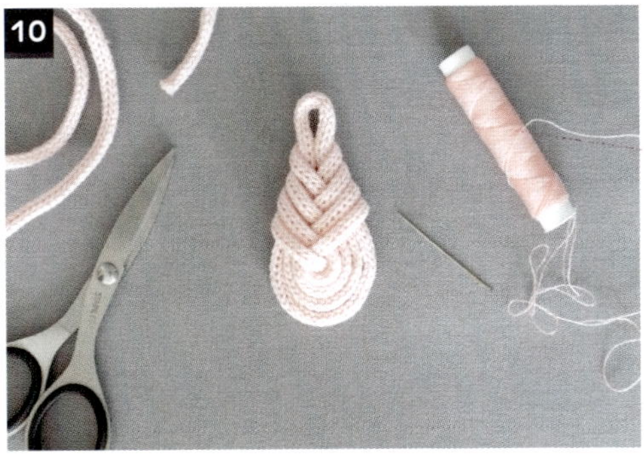

Eine schöne Geschenkidee: Ohrhänger aus einem Pipaknoten

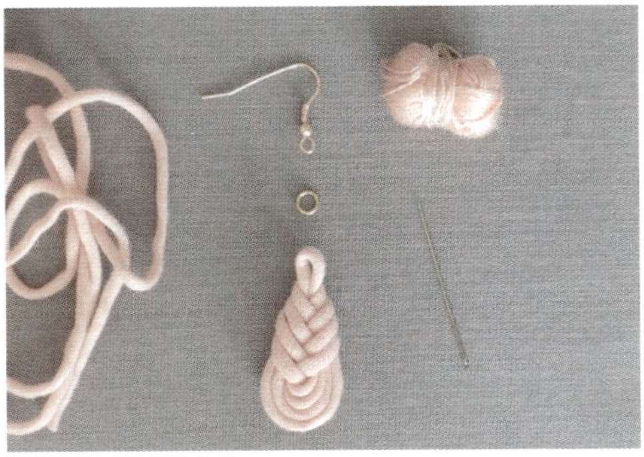

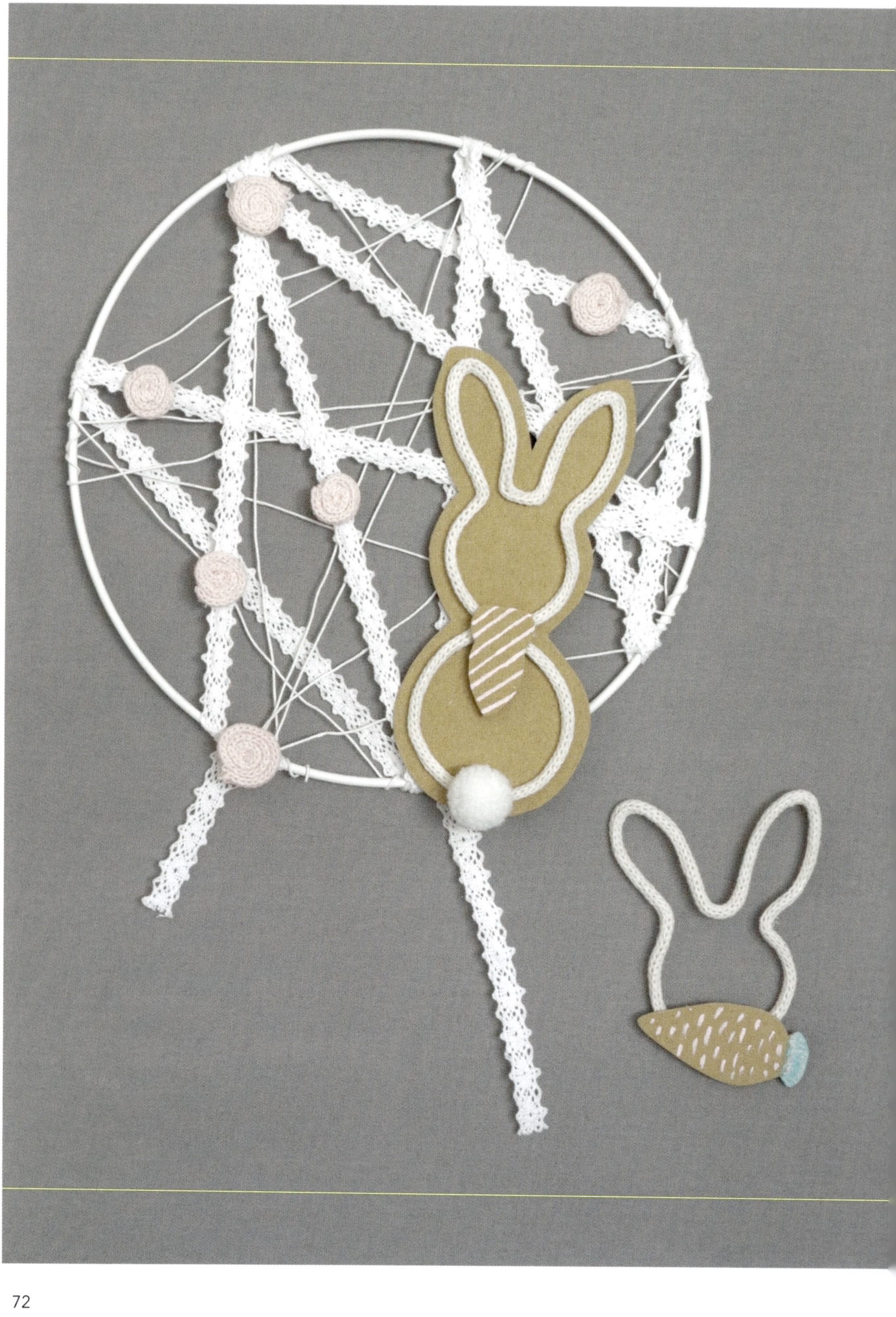

OSTERKRANZ

Dieser One-Line-Hase hat sich für die Feiertage richtig schick gemacht und extra seine gestreifte Krawatte aus dem Bau gezogen. Für die rosa Blümchen lassen sich Reste aus vorherigen Projekten verwenden!

WAS DU BRAUCHST

- Strickschlauch in Beige & Rosa ohne Drahtkern
- Draht
- Vorlage Hase
- Nadel & Faden
- Pappe, Bleistift, Schere
- rosa Acrylfarbe & Pinsel
- Bastelkleber
- kleiner Pompon
- Metallring
- weißer Papierdraht
- Häkelborte

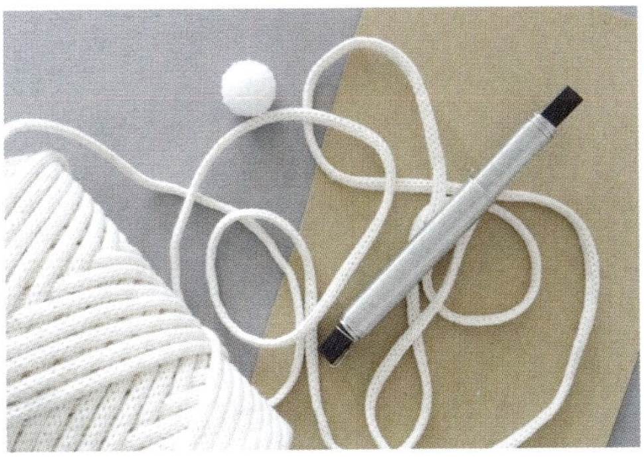

WIE ES GEHT

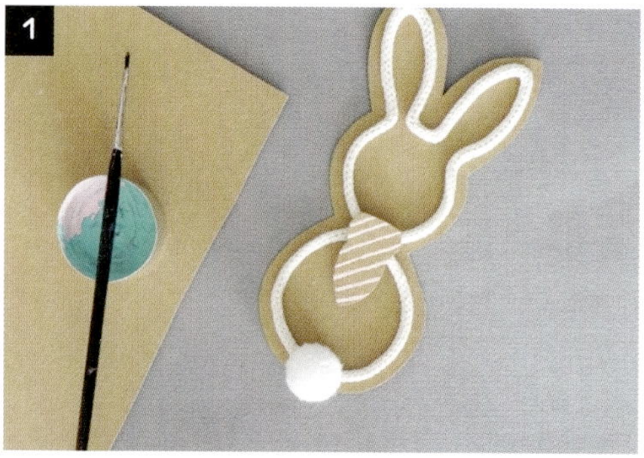

1. Den beigen Strickschlauch mit Draht füllen und ihn anschließend wie in der Vorlage eingezeichnet biegen. Vernähe die Stelle am Hals und kürze die überstehenden Enden ein. Lege den Hasen auf eine Pappe und zeichne mit dem Bleistift eine Kontur im Abstand von einem halben Zentimeter. Schneide sie aus und klebe den Hasen darauf.

Schneide aus Pappe die Krawatte zurecht (grau gefüllte Form in der Vorlage) und bemale sie z.B. mit rosa Acrylfarbe. Klebe anschließend die Krawatte auf den Bereich, den du zuvor vernäht hast, sowie den Pompon ans untere Ende der Hasenform.

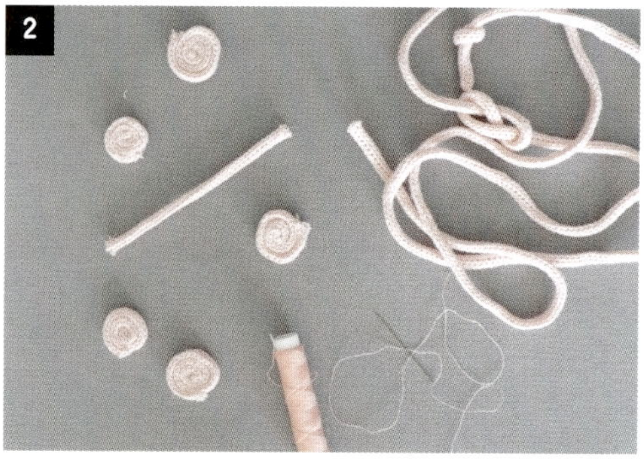

2. Schneide aus rosa Strickschlauch kurze Stücke zurecht (ca. 6 bis 8 cm). Rolle diese zu einer Schnecke auf und vernähe sie, indem du einfach mit Nadel und Faden mehrmals quer durch die Schnecke gehst.

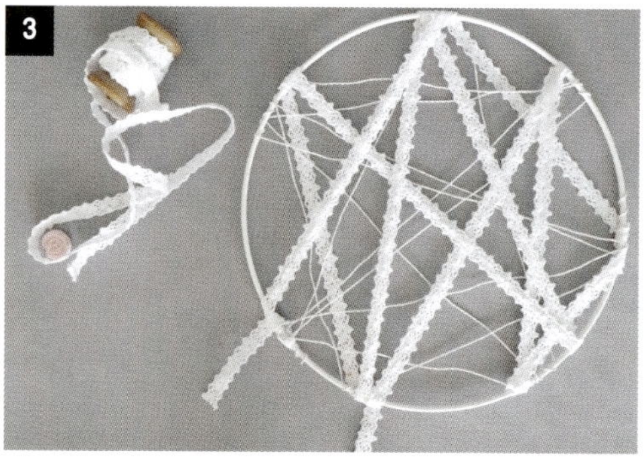

3. Anschließend umwickelst du den Metallring mit Papierdraht und Häkelborte. Damit es an den Wendepunkten nicht rutscht, umwickelst du diese mehrmals mit dem Draht. Bei der Häkelborte reichen zwei Umdrehungen. Das Ende der Häkelborte verklebst du mit Bastelkleber. Lasse die Enden überstehen oder schneide sie ab.

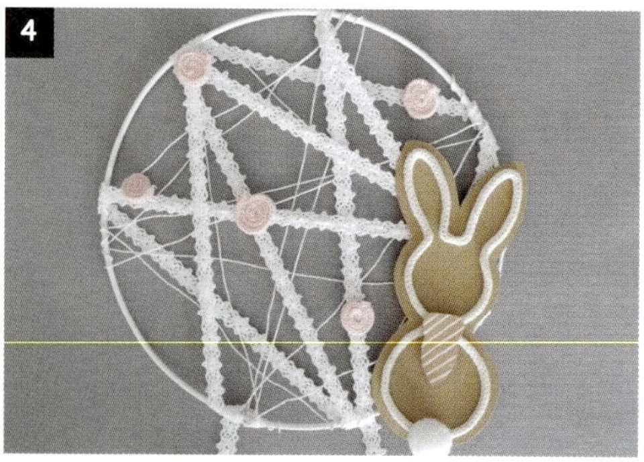

4. Klebe zunächst den Hasen auf deinen umwickelten Ring, anschließend die Blümchen aus Strickschlauch-Resten.

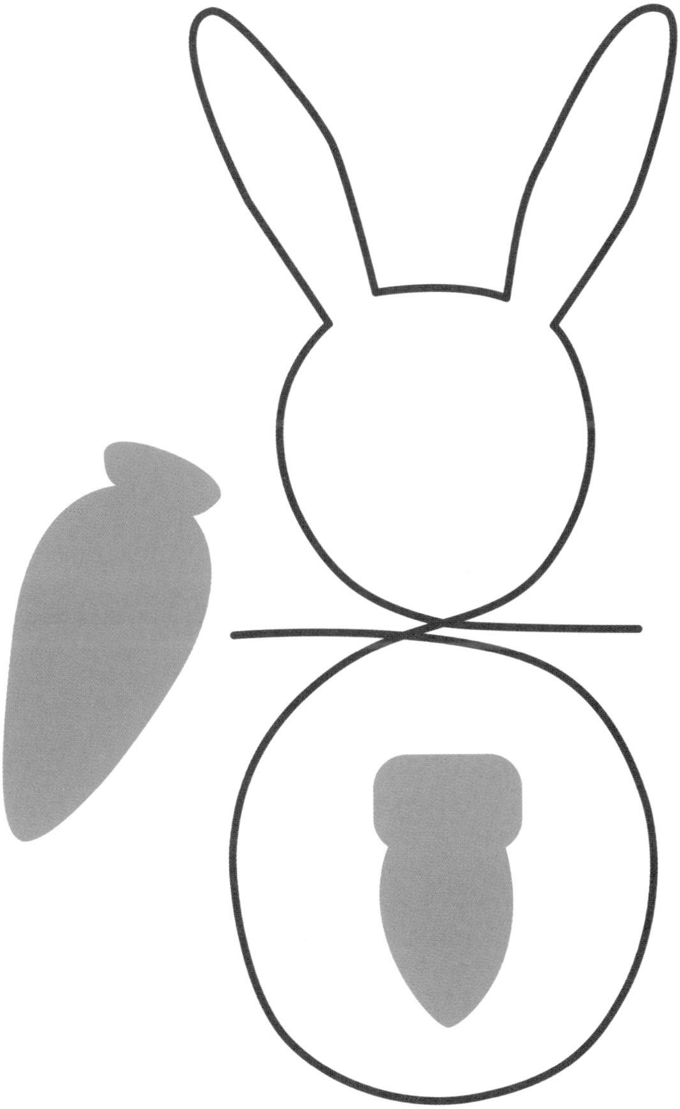

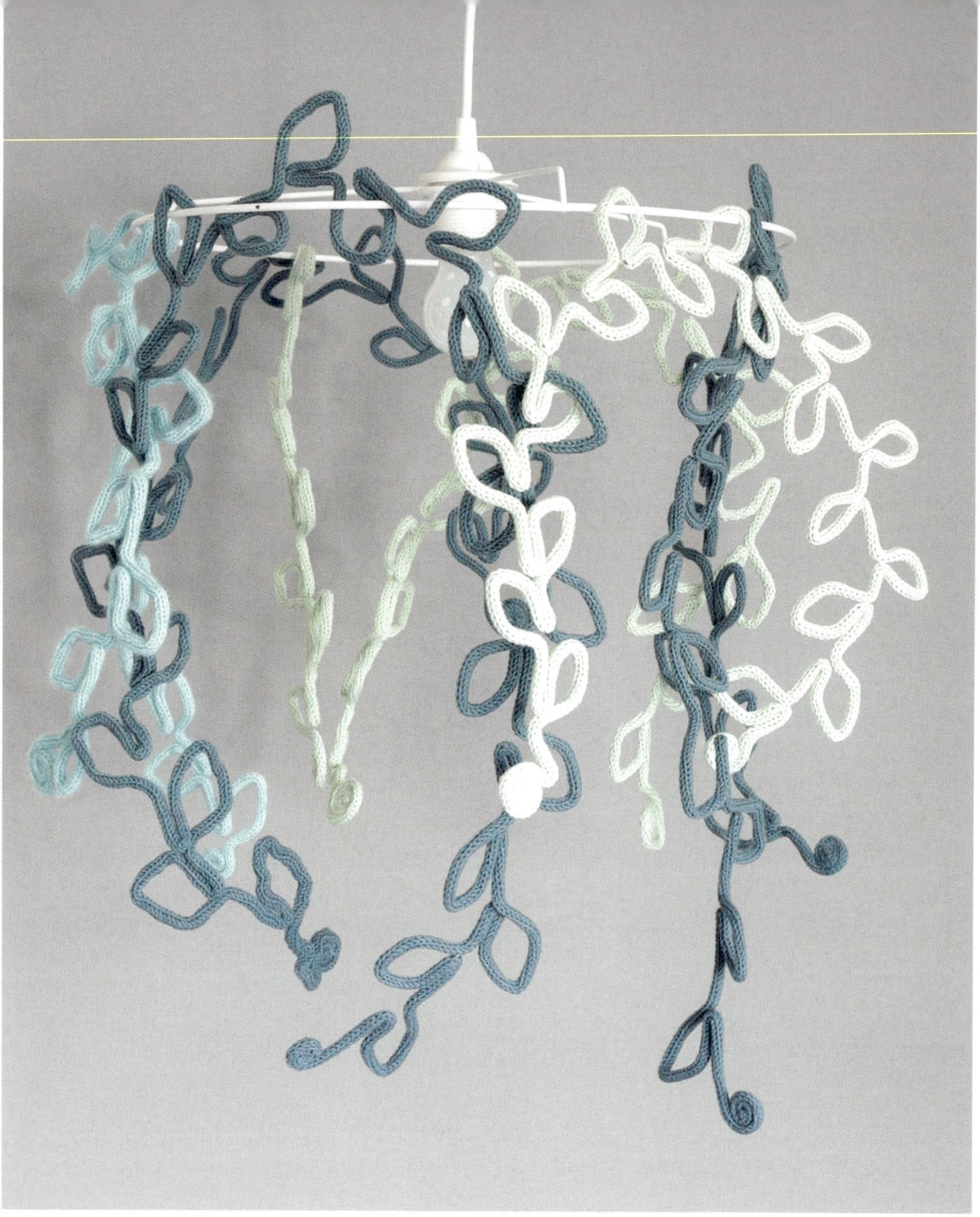

BLÄTTERLIANE ALS LAMPENSCHIRM

Hierfür bietet sich eine Strickmühle an oder fleißige Helferhände, denn dieses Projekt ist etwas zeitaufwendiger. Die viele Arbeit belohnt jedoch durch einen zauberhaften Hingucker.

WIE ES GEHT

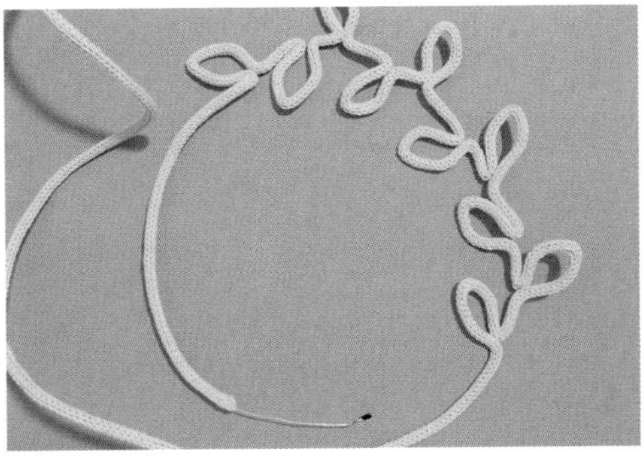

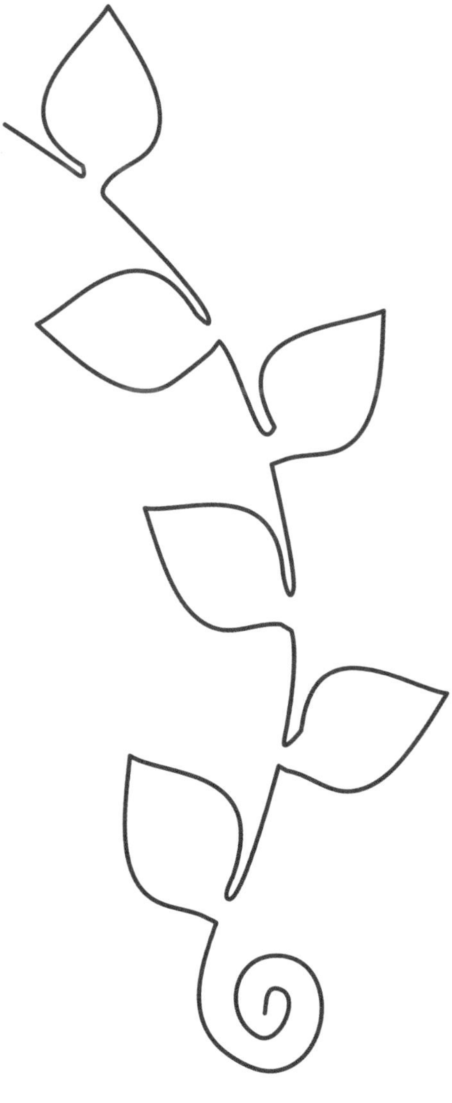

WAS DU BRAUCHST

Lampenschirm-Ring, viel Strickschlauch (hier DIY), Draht, Vorlage Blätterliane, Zange, Seitenschneider, Scheren, optional: Schrumpfschlauch

Stelle viele lange Strickschläuche in Farben deiner Wahl her. Ziehe in die Schläuche Draht ein. Die Ösen an den Enden kannst du zusätzlich mit Schrumpfschlauch sichern. Alternativ arbeitest du mit gekauften Schläuchen.

Lege den Schlauch mit Drahtkern auf die Vorlage und biege mit ihrer Hilfe die Blätter zurecht. Hast du fünf Blätter gebogen, schiebst du deinen Schlauch auf dem Papier einfach etwas hoch und biegst dir weitere Blätter mithilfe der Vorlage.

Bekommt der Schlauch durch die vielen Biegungen zu viel Spannung, drückt sich der Draht durch die Maschen. Das verhinderst du, indem du immer mal wieder etwas Schlauch nachschiebst (so, als ob der Draht ein Bein wäre, an dem du eine Strumpfhose hochziehen würdest).

Du biegst so lange Blätter, bis dein Schlauch aufgebraucht ist oder du mit der Länge zufrieden bist. Die Enden verzwirbelst du jeweils zu kleinen Schnecken.

Hast du mehrere solcher Schläuche angefertigt, hängst du sie mittig über den Lampenschirm-Ring. Entscheide selbst, ob du noch mehr Lianen brauchst.

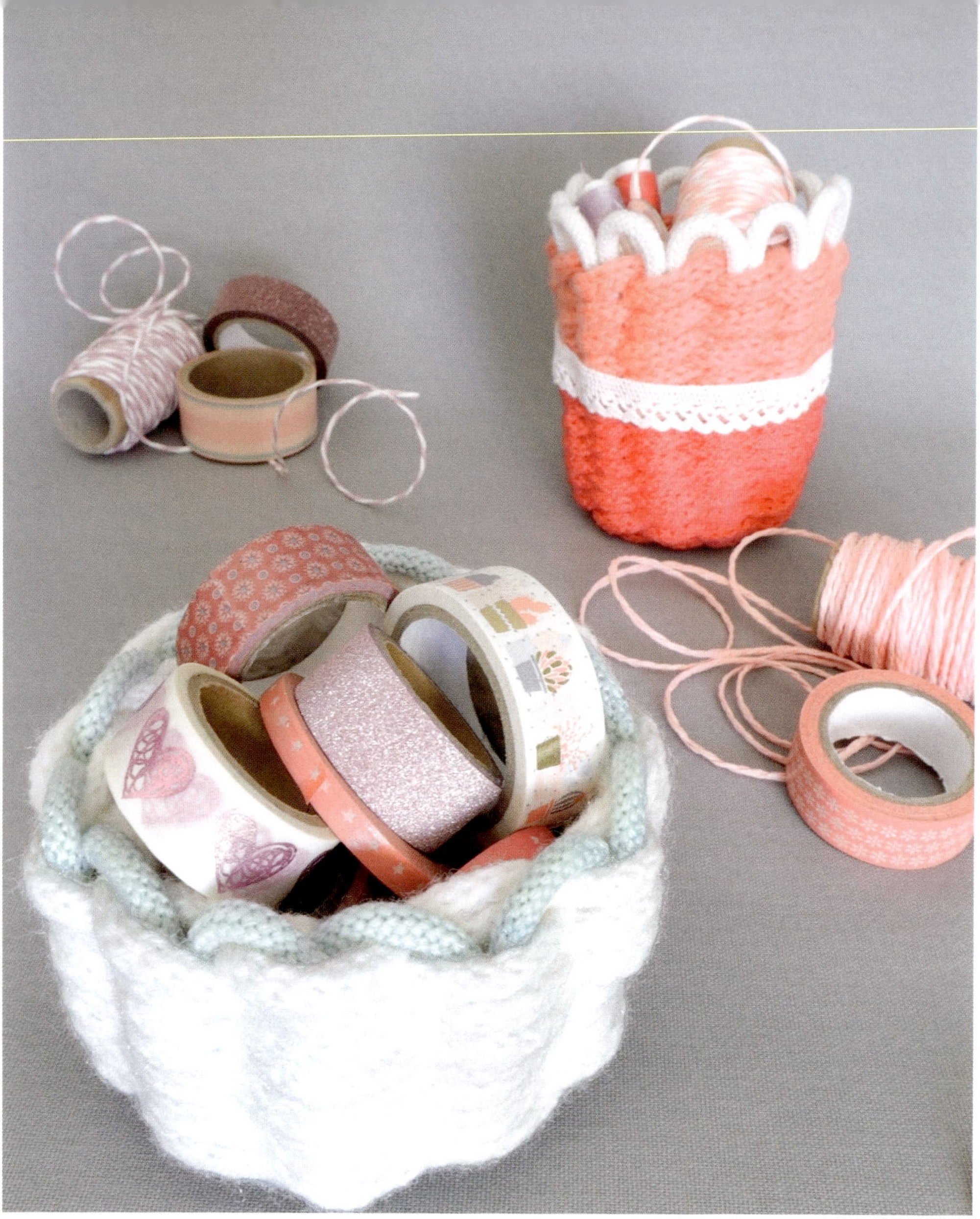

KORB FLECHTEN

Körbe lassen sich aus den verschiedensten Materialien flechten – ganz traditionell aus frischgeschnittenen Zweigen, rustikal aus Draht oder nachhaltig aus Zeitungspapier. Und selbst der Strickschlauch muss sich bei diesem Thema nicht verstecken.

WIE ES GEHT

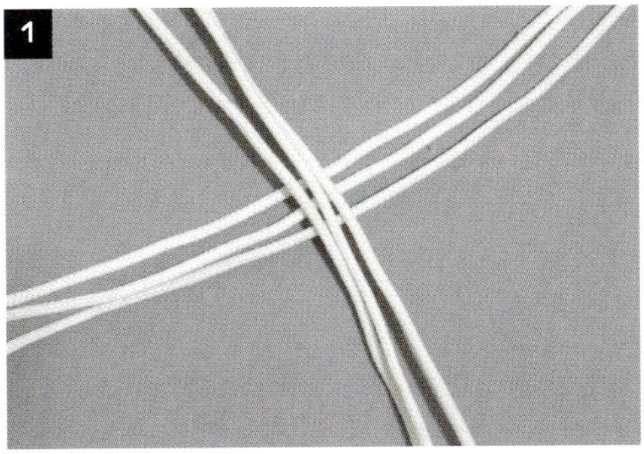

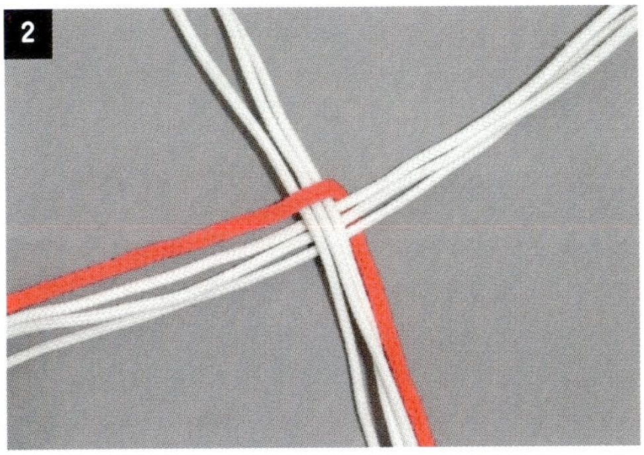

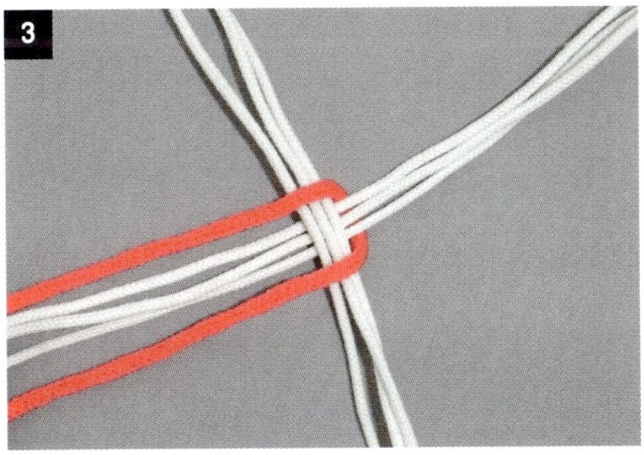

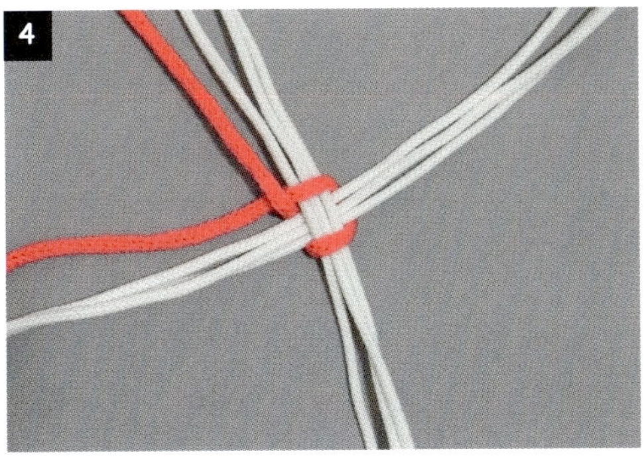

WAS DU BRAUCHST

Strickschlauch mit Drahtkern, Strickschlauch ohne Drahtkern, Dose oder Ähnliches für die Formgebung, Nadel & Faden, Schere, Borten zum Verzieren

1. Bereite sechs 30 bis 40 cm lange Stücke Strickschlauch mit Drahtkern vor. Lege drei auf drei dieser Strickschläuche im rechten Winkel übereinander.

2.–4. Das gerade gelegte Kreuz umwickelst du im Folgenden mit deinem Strickschlauch ohne Drahtkern. Dafür suchst du dir die Mitte des Strickschlauches, mit dem du nun umwickeln möchtest, und legst ihn einmal reihum über und unter die Dreier-Grüppchen.

KORB FLECHTEN

FORTSETZUNG

5

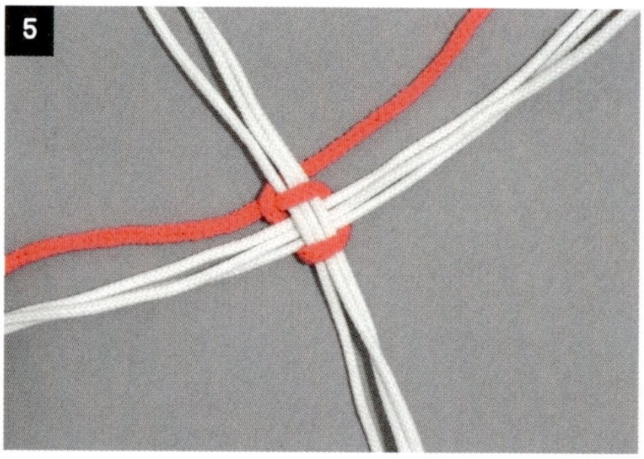

6

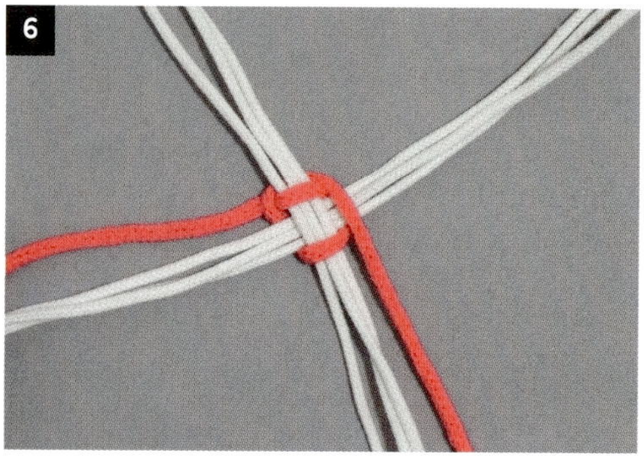

7

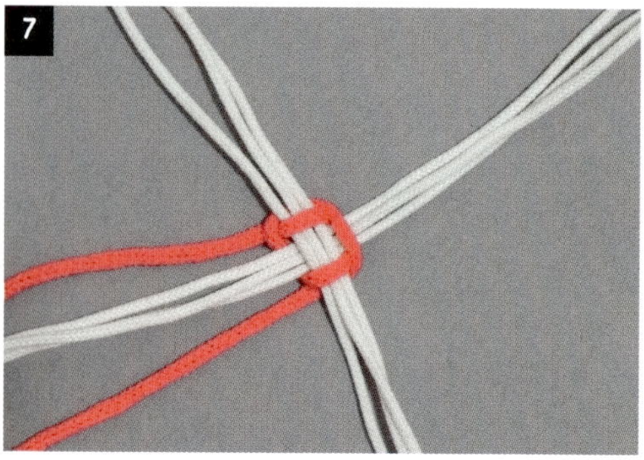

8

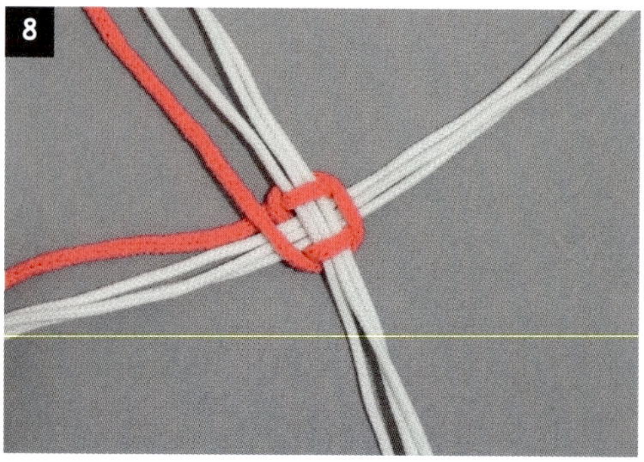

5.–8. Nun legst du eine weitere Runde rundherum. Dein Kreuz sollte jetzt von oben und unten mit Strickschlauch umspannt sein.

9. Spanne die einzelnen Streben wie das Zifferblatt einer Uhr auseinander. Um diese Streben herum wird nun das Körbchen geflochten.

10.–11. Dafür nimmst du dir beide Schläuche, verdrehst sie einmal miteinander und legst sie um die benachbarte Strebe (der eine Schlauch liegt also von hinten um die Strebe, der andere von vorne).

Wichtig ist dabei, dass du immer in die gleiche Richtung weiterarbeitest. Im gezeigten Beispiel wird gegen den Uhrzeigersinn geflochten. Du kannst aber auch andersherum verfahren, du musst es nur bis zum Ende so durchziehen. Achte außerdem darauf, dass du die Schläuche miteinander immer nach demselben Muster verdrehst. Also z. B. immer den vorderen Schlauch über den hinteren legst.

12. So flichtst du nun den Boden reihum, bis du die gewünschte Größe erreicht hast.

13. Jetzt soll der Korb in die Höhe wachsen. Um die Streben hierfür mit einem klar definierten Knick nach oben zu bringen, nimmst du ein rundes Gefäß mit passendem Durchmesser zu Hilfe. Du stellst es auf den Boden des zukünftigen Korbes und knickst die Streben reihum nach oben.

14. Flicht nun weiter wie zuvor. Falls nötig, korrigiere zwischendurch die Position der Streben. Sie müssen auch nicht perfekt gerade sein. Dein Korb kann beispielsweise auch nach oben weiter werden oder eine Wölbung im unteren Bereich bekommen.

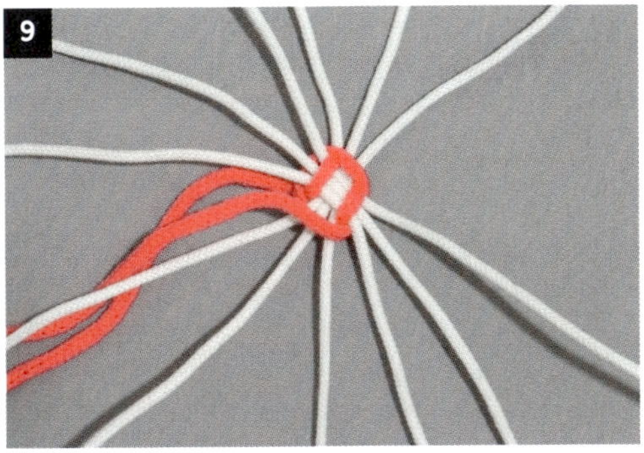

9

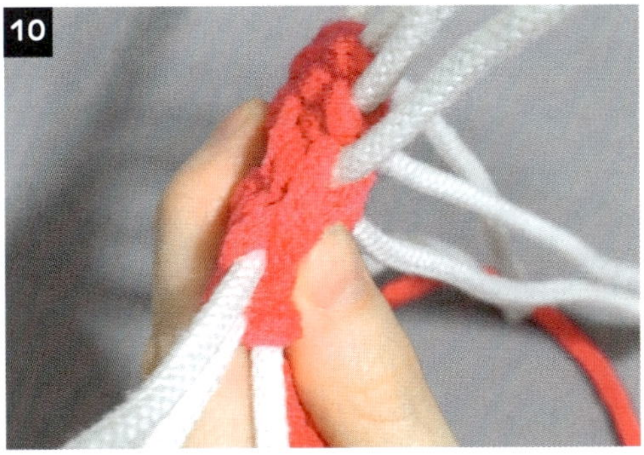

10

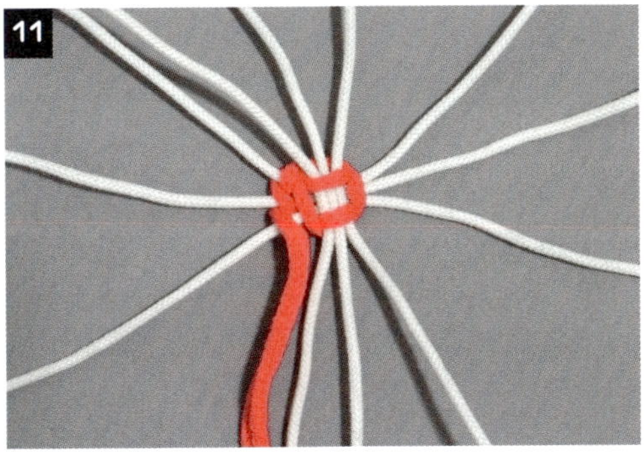

11

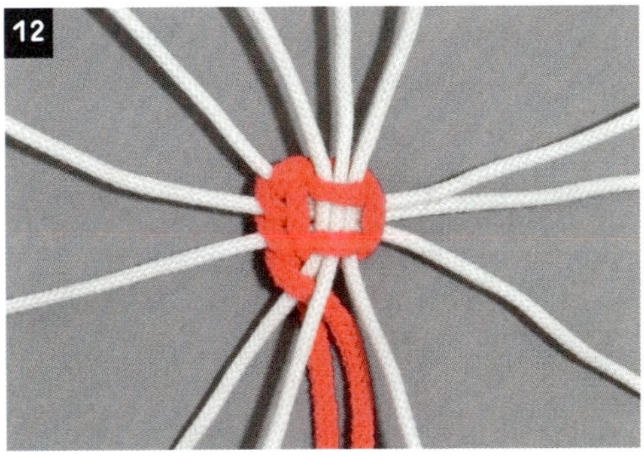

12

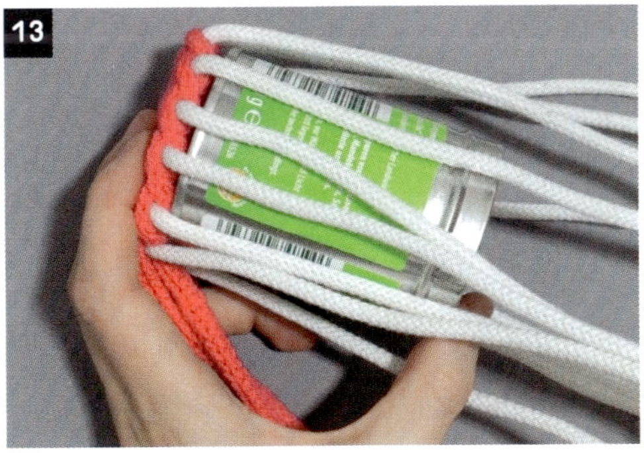

13

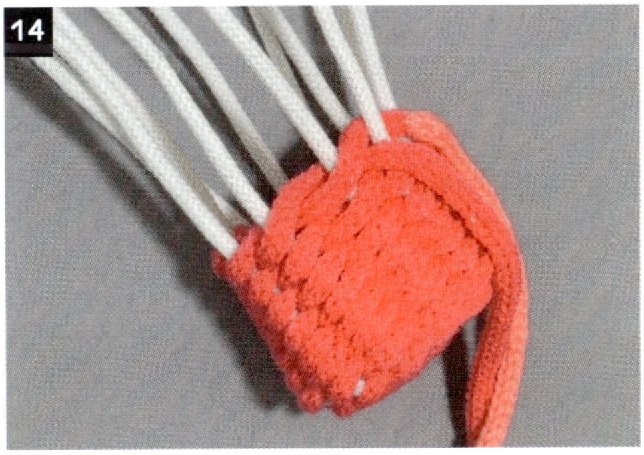

14

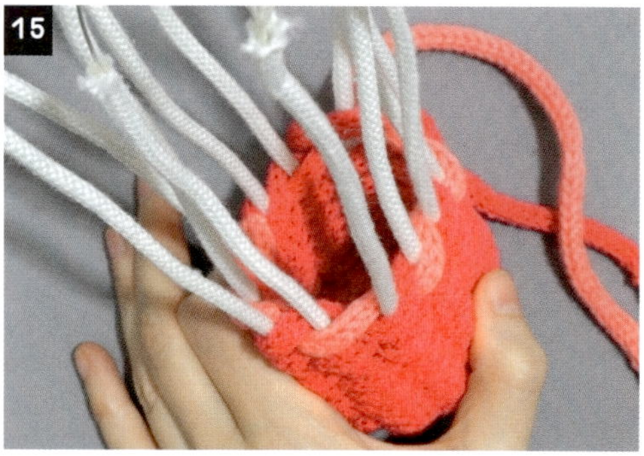

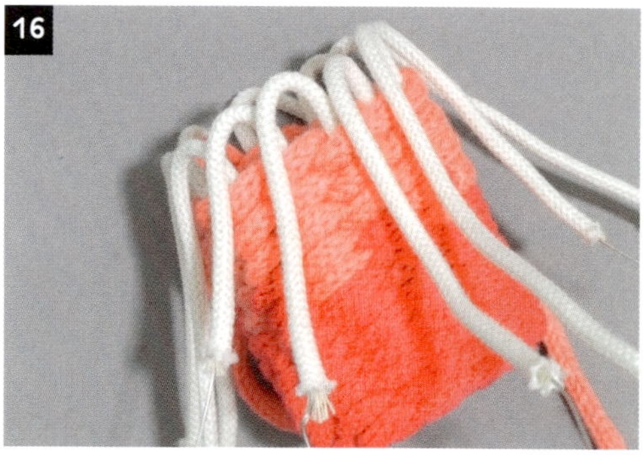

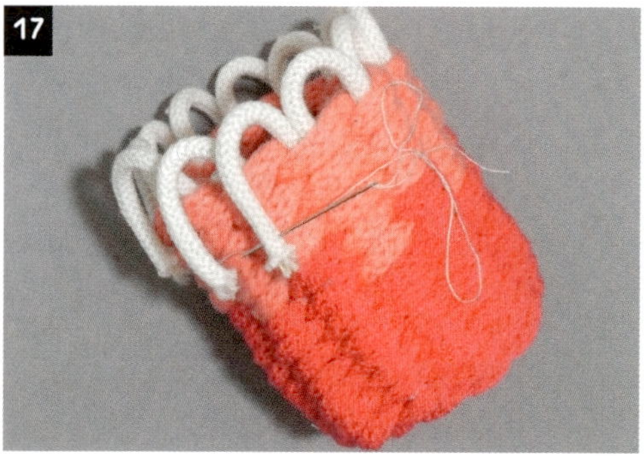

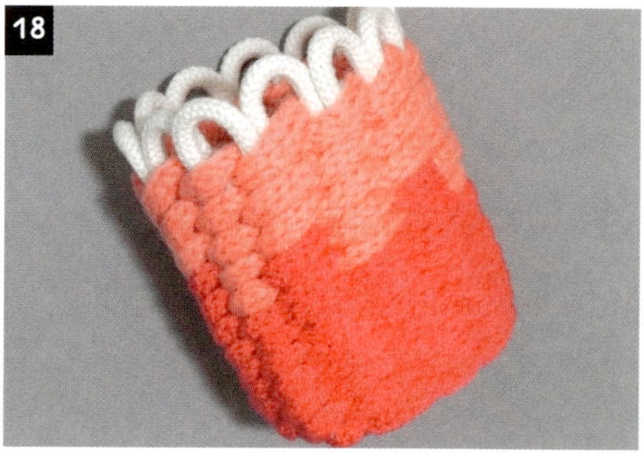

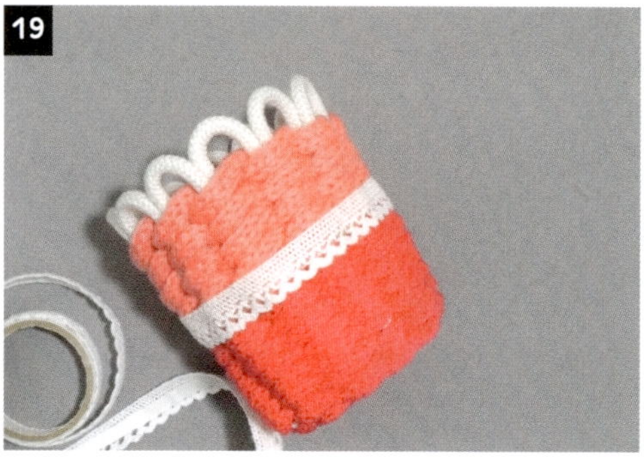

15. So sieht der Korb von oben aus. Sind deine Strickschläuche zu Ende, nähe weitere an. So kannst du auch Farbwechsel einbauen, wenn du magst. Überlege dir dabei, ob du mit zwei verschiedenfarbigen Schläuchen weiter machst, ob es einen klaren Übergang gibt oder – wie in den Schrittbildern zu sehen – einen schleichenden.

16. Das Körbchen beendest du mit einem Steckrand. Du kannst die Biegungen dafür höher setzen oder auch an die Flechtung eng anschmiegen lassen. Biege die Streben dafür gleichmäßig um (nimm z. B. deinen Finger als Abstandshalter).

17. Kürze die gebogenen Streben auf gleicher Höhe ein. Lasse hierbei genug Spiel, um später das Ende der gebogenen Strebe im Flechtwerk zu verstecken. Schneide an den Streben den Draht weiter zurück als den ihn umgebenden Schlauch und biege ihn um. Anschließend vernähst du den Schlauch.

18. Stecke die Enden der Streben in dein Geflecht hinein, dort wo die benachbarte Strebe herauskommt. Verzieht sich der Strickschlauch, ruckele ihn wieder zurecht.

19. Wenn du magst, kannst du das Körbchen noch weiter mit Borten und Co. verzieren.

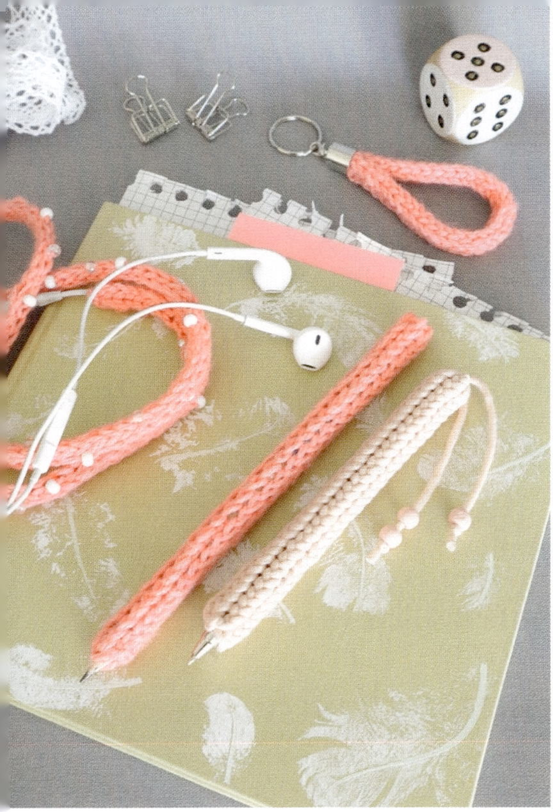

IM BÜRO

Hände hoch für ein wenig Pepp und Farbe im Büro-Alltag. Mach es dir schön im Homeoffice: Diese lustigen Begleiter garantieren auf jeden Fall Spaß bei der Arbeit!

WAS DU BRAUCHST

4er-Strickliesel, 6er-Strickliesel, Strickgarn, Schere, optional: Perlen, Stifte & Kopfhörer, silberner Schmuckverschluss mit Karabinerhaken (z. B. rund 12 mm Ø)

Für Stifte

Stricke mit der 6er-Strickliesel einen Schlauch, der etwas länger als dein Stift ist. Kürzen geht im Nachhinein immer, um ihn am Ende anzupassen. Schließe den Schlauch oben wie gewohnt ab und vernähe den Restfaden ins Innere.

Den unteren Bereich öffnest du noch einmal mit einer Schere, ziehst etwas Faden frei und vernähst diesen mit den vorhandenen Schlaufen, lasse jedoch eine Öffnung. Durch diese schiebst du nun deinen Stift. Kugelschreiber ohne Clip eignen sich besonders gut dafür. Abschließend zurrst du die untere Öffnung zu und vernähst auch hier den Restfaden ins Innere des Strickschlauches.

Für Kopfhörer und andere Kabel

Fädele auf dein Strickgarn ca. 20 bis 30 Perlen. Stricke nun mit diesem Garn und einer 4er-Strickliesel einen langen Schlauch, der vom Klinkenstecker bis hin zur Gabelung des Kopfhörerkabels reicht. Füge immer wieder eine Perle in den Strickschlauch mit ein. Eine genaue Anleitung dazu findest du auf S. 9. Ist der Strickschlauch lang genug, beziehe mit ihm das Kabel. Hierfür musst du das obere Ende offen halten und das untere Ende öffnen. Abschließend zurrst du beide Enden zu und vernähst den Restfaden nach innen.

Für (Schlüssel-)Anhänger

Einen mit einer 4er-Strickliesel hergestellten, ca. 20 cm langen Strickschlauch klebst du mit Schmuckkleber in den Schmuckverschluss mit Karabinerhaken. Der Anhänger verziert nach dem Trocknen z. B. deinen Büroschlüssel oder ein Federmäppchen.

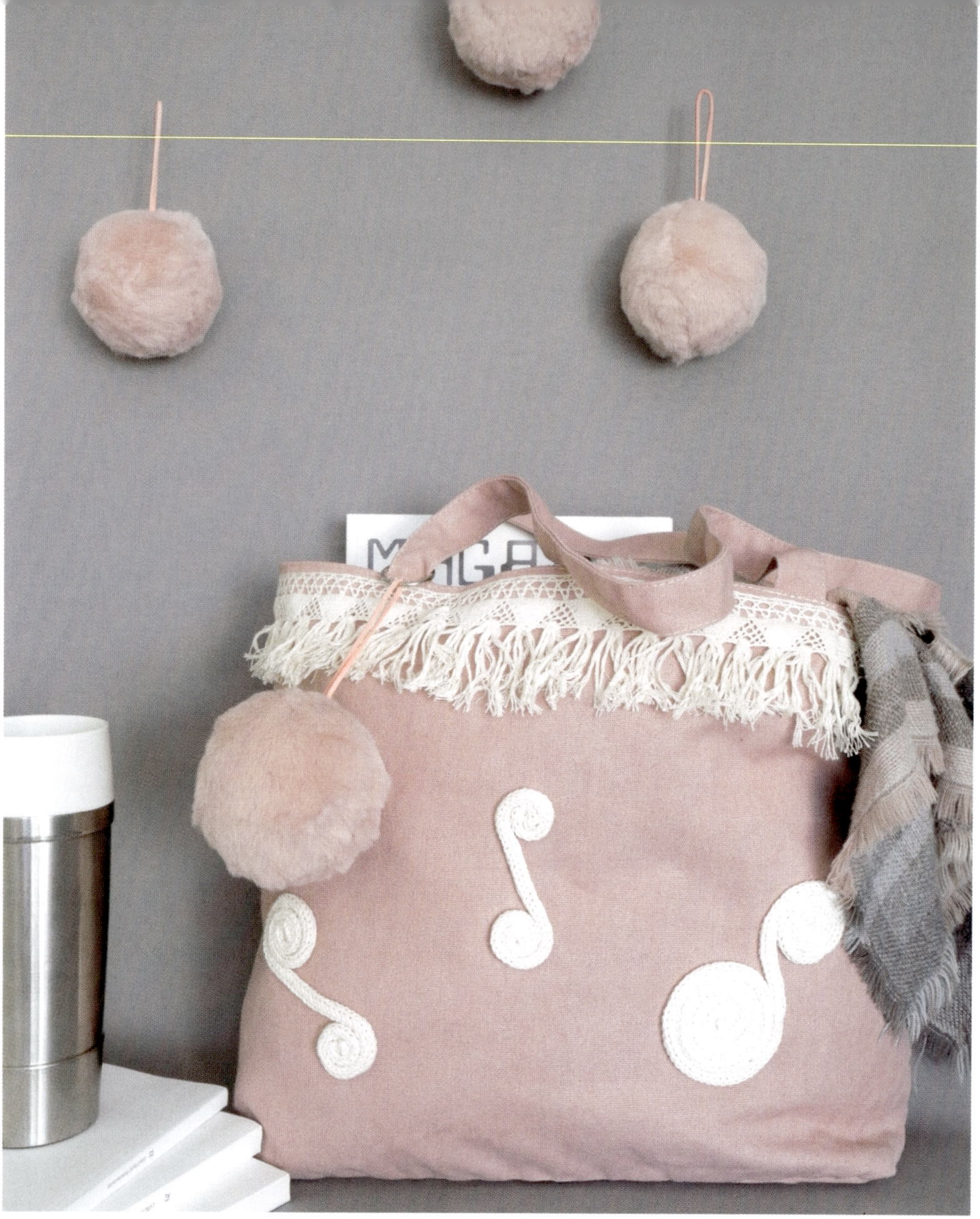

TASCHE MIT SCHNÖRKELN

Strickschlauch ist wie geschaffen dafür, Taschen, Kissenhüllen und Co. aufzupeppen. Bei vorliegender Variante spielte sogar eine Avocado eine nicht zu unterschätzende Rolle.

WIE ES GEHT

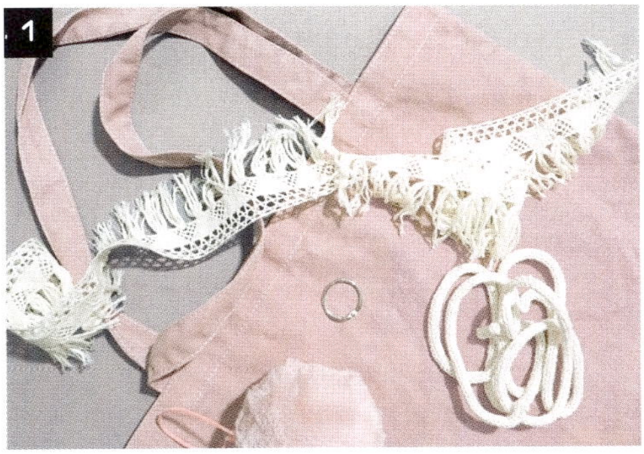

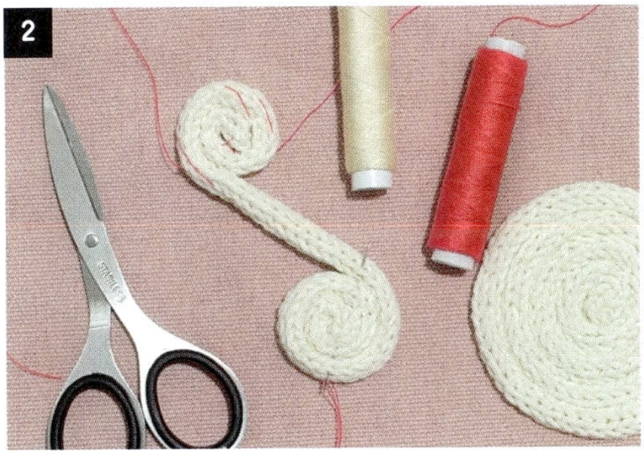

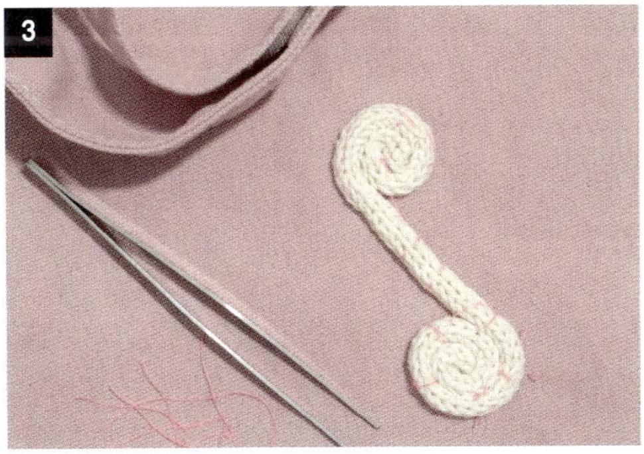

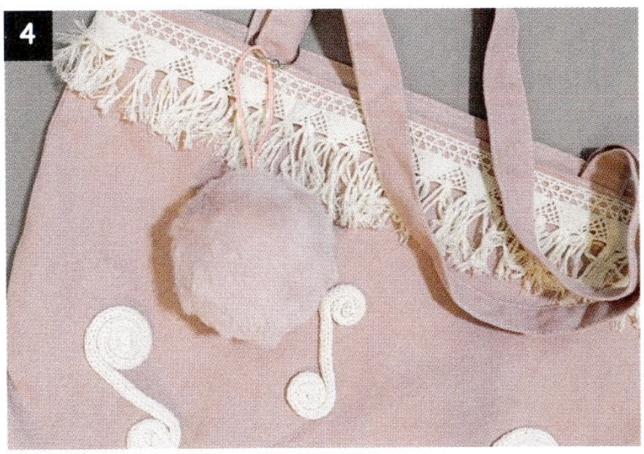

WAS DU BRAUCHST

Tasche zum Besticken, Strickschlauch ohne Drahtkern, Garn in Farbe des Strickschlauchs & in einer zweiten Farbe, Nadel & Pinzette, spitze Schere, Borte zum Verzieren, Riesenbommel als Anhänger

1.–2. Drehe mit unterschiedlich langen Strickschläuchen verschiedene Schnörkel ein. Damit die Schnörkel in Form bleiben, fixierst du sie mit groben Stichen mithilfe des andersfarbigen Garnes (so kannst du es am Ende leichter entfernen). Platziere die Schnörkel (evtl. zusammen mit der Borte) auf deiner Tasche und schaue, welches Arrangement dir am besten gefällt. Fixiere anschließend die Schnörkel grob auf deiner Tasche, wieder mit dem andersfarbigen Nähgarn.

3. Nähe die Schnörkel nun mit dem gleichfarbigen Nähgarn mit einem Steppstich an der Tasche fest. Stich hierbei immer durch die Löcher der Maschen und nimm kleine Stiche für oben und größere für die untere Seite. Hast du alle Schnörkel angenäht, entferne deine Fixierungsstiche, indem du sie mit einer spitzen Schere aufschneidest und mit einer Pinzette herausziehst.

4. Bringe Borte und Bommel an.

MIT AVOCADO FÄRBEN

WIE ES GEHT

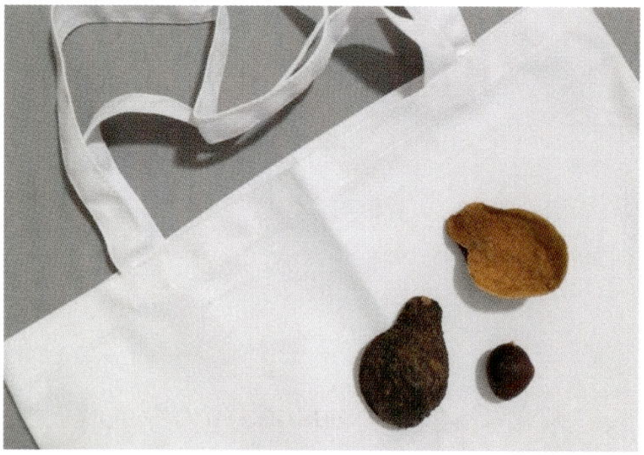

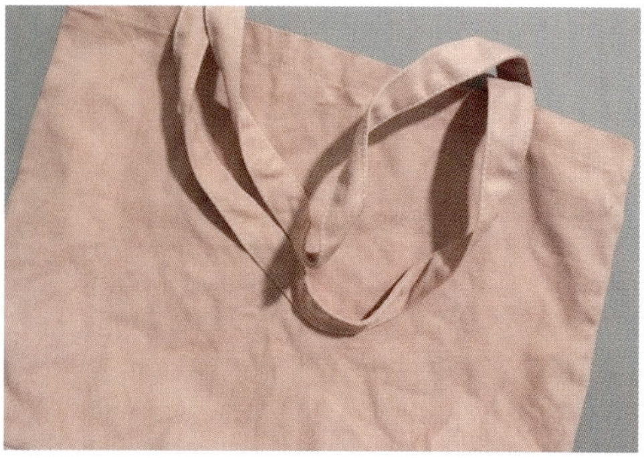

WAS DU BRAUCHST

2 Avocados, hellen Stoffbeutel, 2 große Töpfe, Küchensieb, Rührlöffel

Säubere Schale und Kerne der Avocados und lasse sie ein wenig trocknen. Anschließend reißt du die Schale in kleine Stücke und legst sie zusammen mit den Kernen in einen großen Kochtopf mit mindestens zwei Litern Wasser. Das lässt du alles für zwei Stunden köcheln. Den Herd machst du anschließend aus. Dann gießt du den Sud durch ein Sieb in einen weiteren Topf.

Nun kommt die Tasche in den noch warmen Sud und bleibt für mehrere Stunden, am besten über Nacht, darin. Solange du wach bist, rühre immer mal wieder um, damit die Färbung gleichmäßig wird. Achte darauf, dass der Stoff komplett vom Sud bedeckt ist.

Am nächsten Tag entnimmst du die Tasche und wäschst sie gut aus. Hänge sie zum Trocknen auf.

Du kannst den Sud ruhig ein weiteres Mal kurz aufkochen, um weitere Stoffstücke damit zu färben.

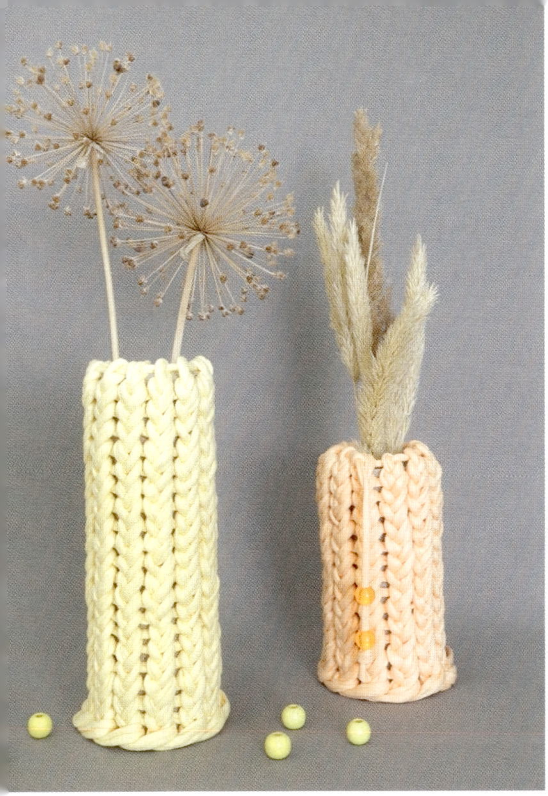

VASEN AUS XXL-STRICKSCHLAUCH

Diese Vasen sind nicht nur mit Trockenblumen ein wunderschöner Blickfang. Hier werden leere Papprollen von XXL-Strickschläuchen farbenfroh umschmeichelt.

WAS DU BRAUCHST

Papprollen (z. B. von Küchenrollen), Textilgarn, Papprolle eines leeren Paketklebebandes, ca. 10 Foldback-Klammern, Schere, optional: Perlen

Zunächst baust du dir eine XXL-Strickmühle aus der Papprolle, die übrig bleibt, wenn dein Paketklebeband leer ist. Dafür klemmst du einfach die Foldback-Klammern an den oberen Rand und drückst die inneren Bügel nach unten.

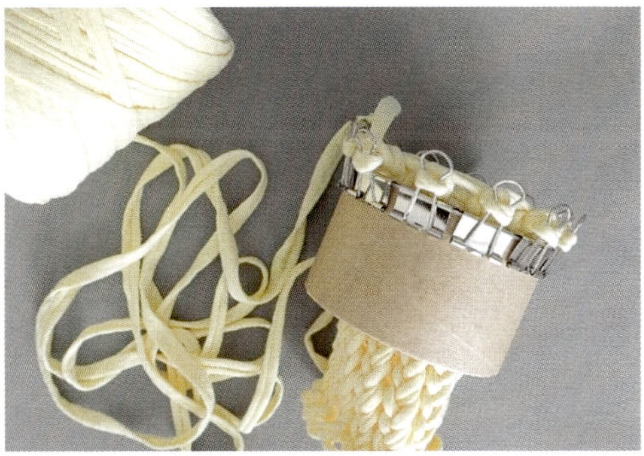

Nun wird der Schlauch gestrickt. Ob die gewünschte Länge erreicht ist, überprüfst du, indem du die Küchenrolle hineinschiebst. Im Beispiel wurden die Rollen auf 10,5 und 15 cm eingekürzt.

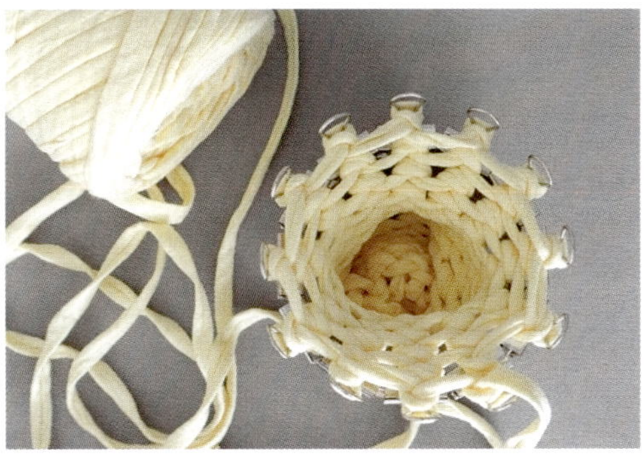

Beende deine Arbeit und stülpe den Schlauch über die Papprolle. Vernähe den überstehenden Faden nach innen oder hänge Perlen daran.

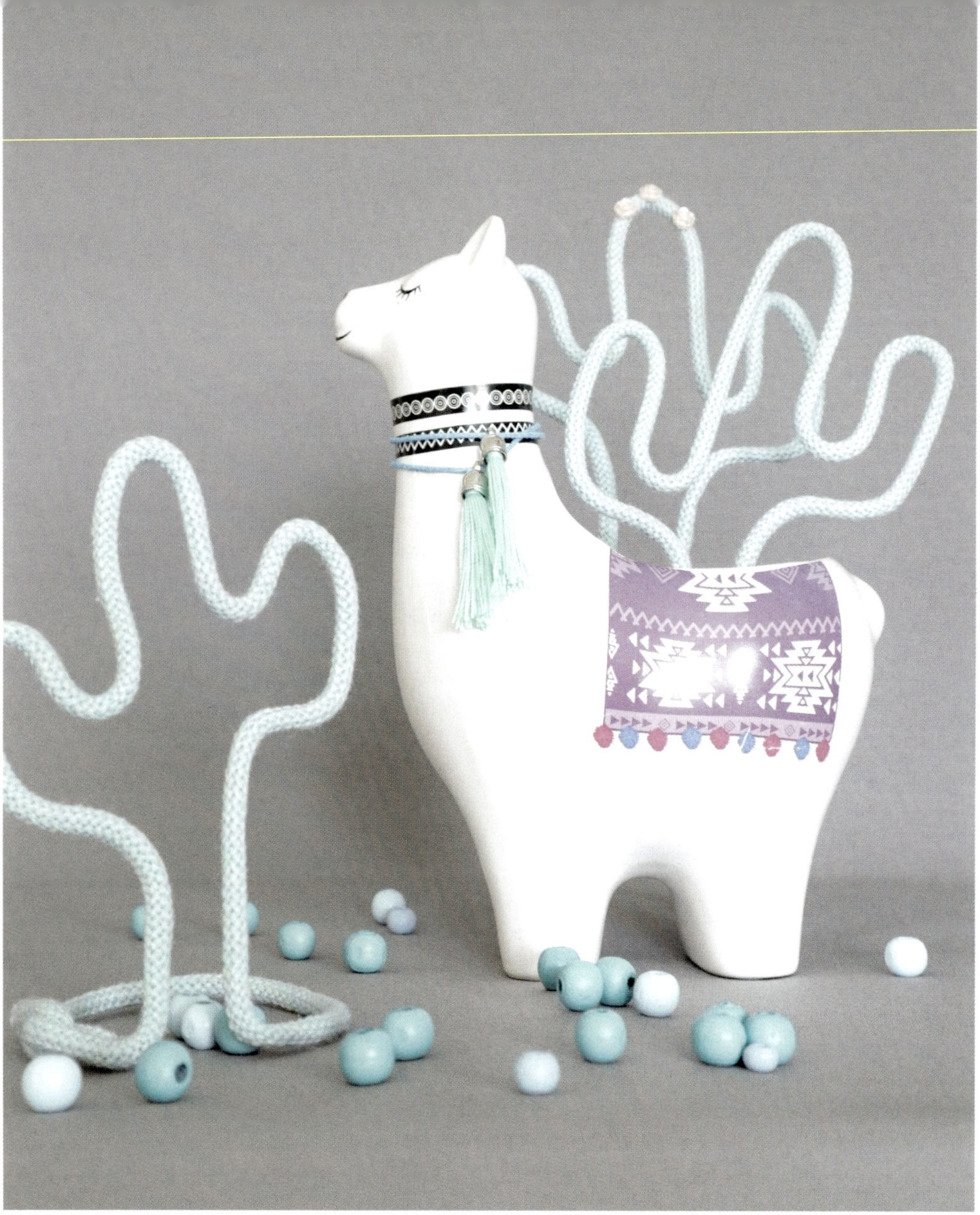

RUCK-ZUCK-KAKTEEN

Pflanzen, die nicht viel brauchen und immer gut aussehen. Für alle, deren Daumen eine eher andere Färbung als grün aufweisen.

WIE ES GEHT

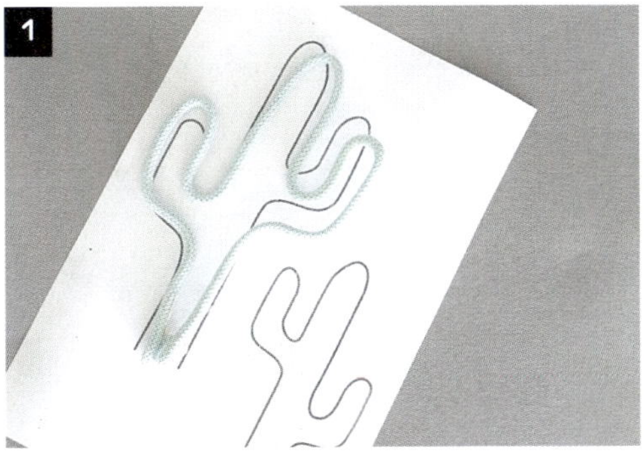

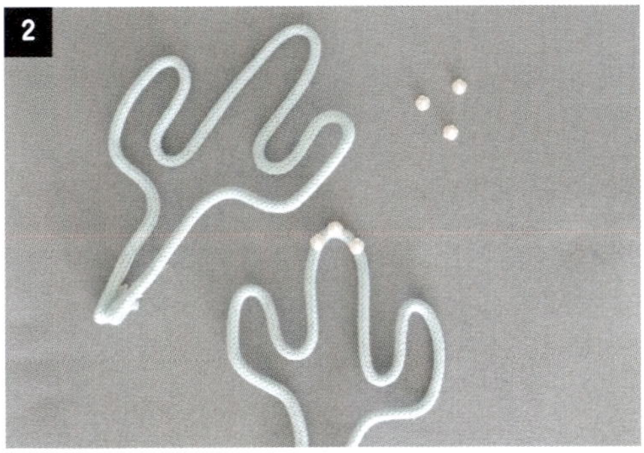

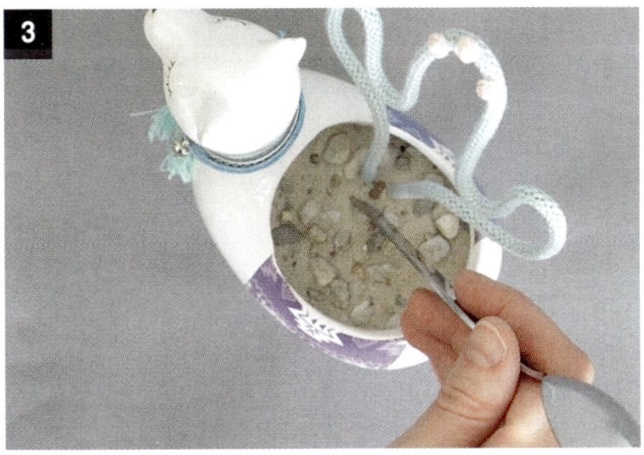

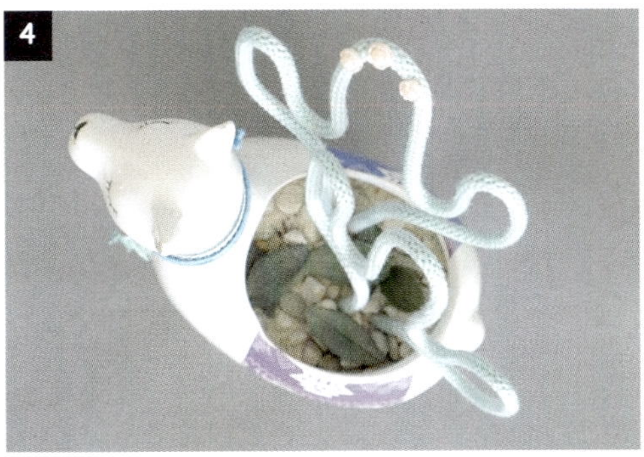

WAS DU BRAUCHST

gekaufter Strickschlauch mit Drahtkern, Vorlage Kakteen, Blumentopf, (Vogel-)Sand, optional: Blütendeko & Co., optional: Löffel

1.–2. Biege zwei verschieden große Kakteen zurecht. Die oberen Bereiche können zudem mit Blüten oder Ähnlichem verziert werden.

3. Stecke die Kakteen in einen mit Sand gefüllten Blumentopf. Mit dem Stiel eines Löffels kannst du den Draht tiefer in den Sand schieben.

4. Kleine Kieselsteine, Dekoblätter und Co. geben dem Arrangement den letzten Schliff.

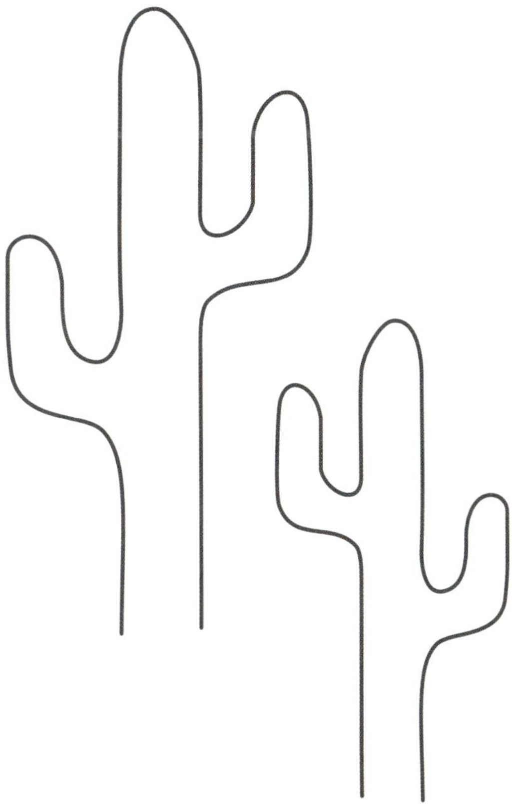

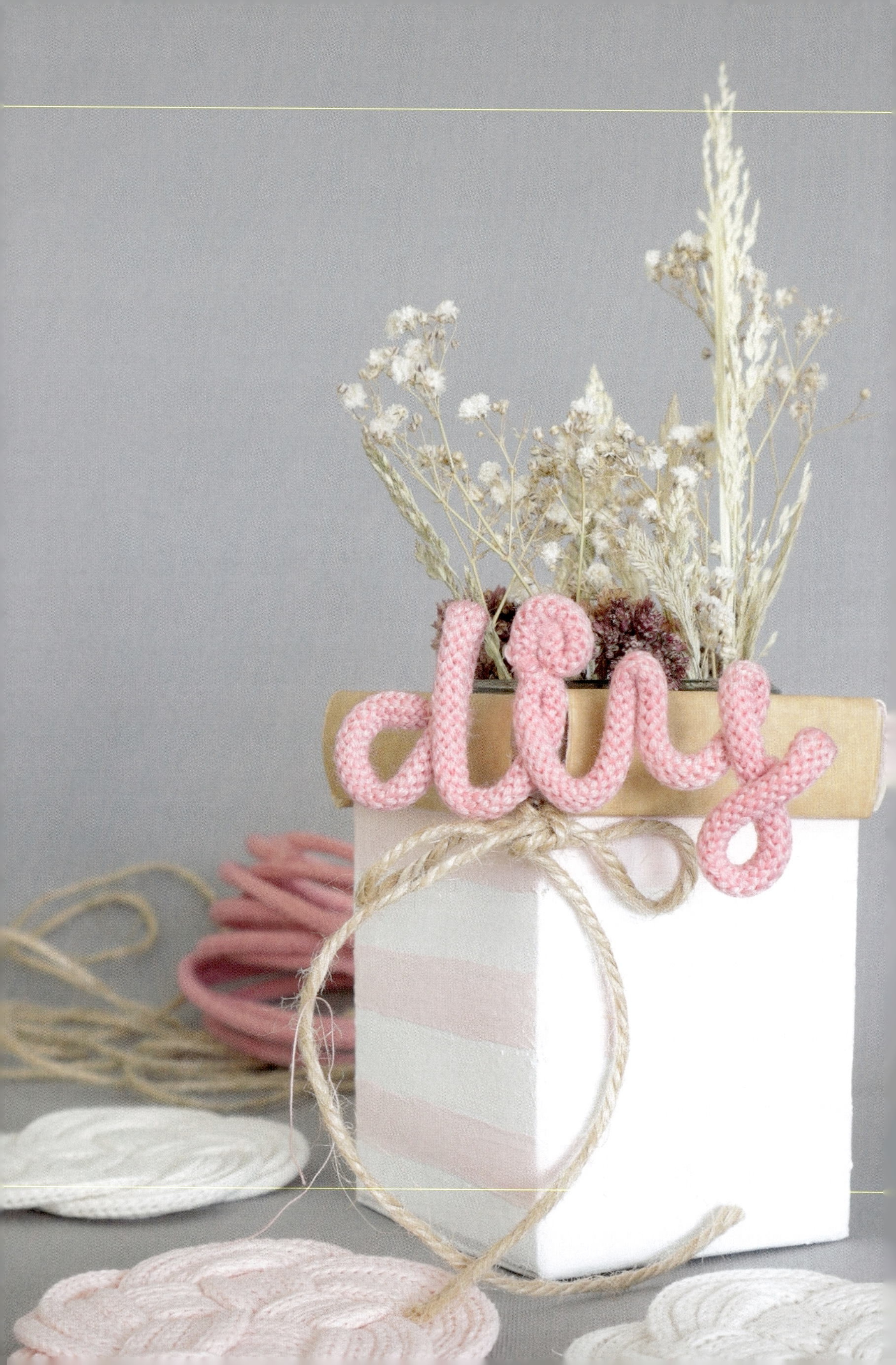
diy

SCHRIFTZÜGE & RESTEVERWERTUNG

Last but not least: Schriftzüge aus Strickschlauch verpassen vielen deiner Projekte den letzten Schliff. Sie lassen sich dadurch individualisieren, werden mit einem Namen persönlich, können Stimmungen und Botschaften transportieren.

Für die Schriftzüge suchst du dir eine passende Schriftart am Computer aus. Damit kannst du jedes beliebige Wort in der richtigen Größe als Vorlage selbst erstellen. Ebenso lassen sich die Zeichenabstände nach deinen Bedürfnissen variieren, also breiter oder schmaler und so genau passend für dein Projekt machen.

Sehr geeignet ist z. B. die Schriftart Dreaming Outloud Script die du im Office-Paket findest. Eine ähnliche, kostenlose und für die Strickschlauchschrift gut geeignete Schriftart ist die Creativo die du dir z. B. auf **https://www.dafont.com** herunterladen kannst. Sie darf auch für kommerzielle Zwecke benutzt werden. Verbreitere den Zeichenabstand der Creativo-Schrift etwas, dann lassen sich die am Computer erstellten Schriftzüge einfacher biegen und sie ist leichter zu lesen.

Oder du nimmst die Buchstaben-Vorlagen auf den nächsten Seiten. Vergrößere sie, falls nötig. Nutze hier die Linien, damit dein Schriftzug gerade wird.

So kannst du z. B. den Osterkranz von Seite 72 weiter verzieren, oder zu den Luftballons (Seite 50) ‚Happy Birthday' und zu den Elchen (Seite 42) ‚Frohe Festtage' schreiben. Geschenke und Geschenkverpackungen bekommen das gewisse Etwas durch die Aufschrift ‚diy'. Oder du verzierst deine Traumfänger weiter mit Texten wie ‚sweet dreams' und Ähnlichem.

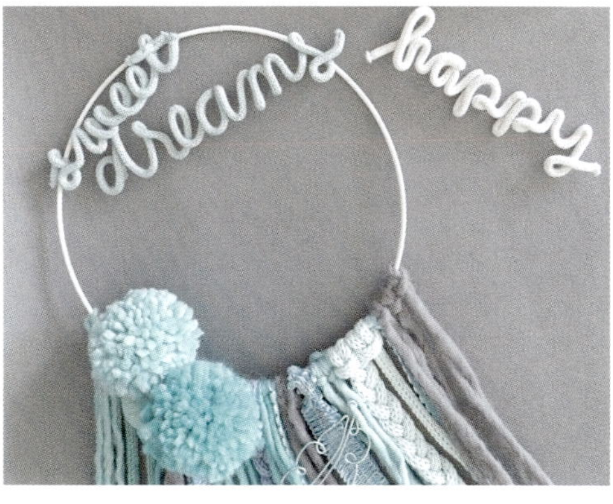

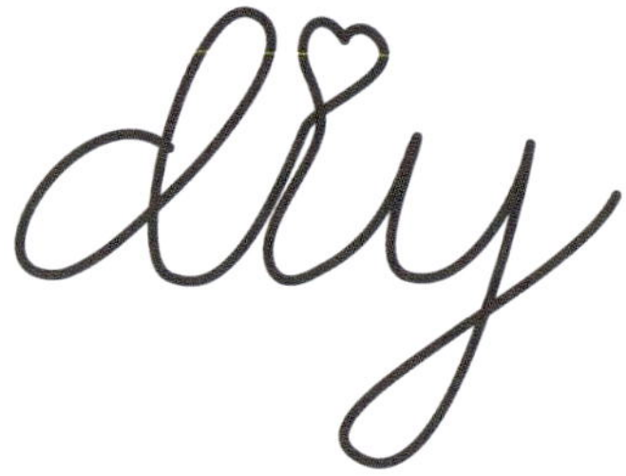

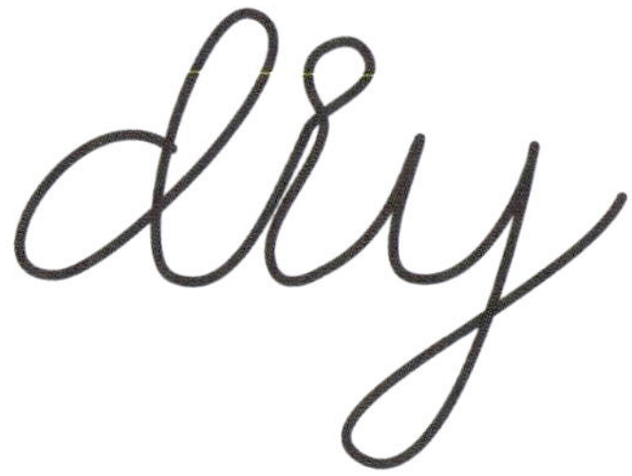

Heißkleber ist hier ein treuer Freund, was die Befestigung der Schriftzüge anbelangt. Sie lassen sich aber auch mit Draht oder Garn festbinden. In manchen Fällen kann man sie auch annähen. Brauchst du z. B. i-Punkte in deinem Schriftzug, drehe dir eine kleine Schnecke aus Strickschlauch mit Draht und nähe diese oben am i an. Spannend sind auch Herzen oder Kreise, diese arbeitest du direkt mit dem Biegen des Buchstabens ein.

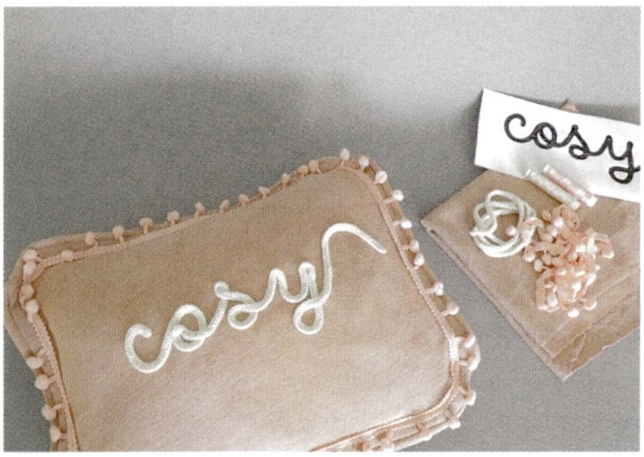

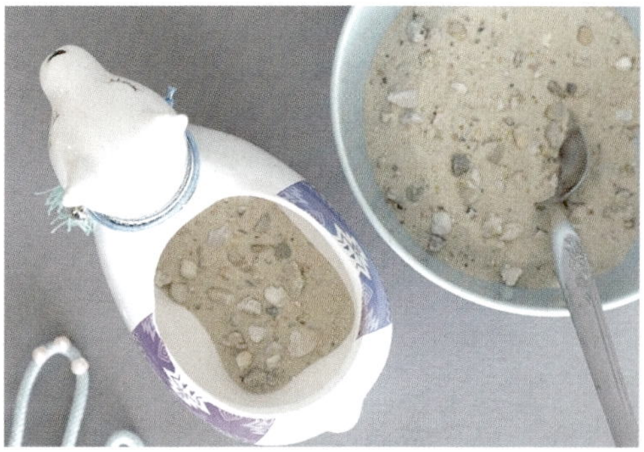

Noch ein kleiner letzter Tipp, falls du gerne nähst. Hast du dir – wie ganz am Anfang dieses Buches erwähnt – sämtliche Strickschlauch- und Garnreste aufgehoben, lässt sich sogar daraus etwas zaubern! In ein kleines Stoffsäckchen gefüllt, werden die Reste zu einem gemütlichen Kissen-Inlay. Ein Bezug mit Hotelverschluss ist schnell gemacht. Wenn du ihn selbst nähst, kannst du die Schriftzüge aus Strickschlauch mit dem Freihandstichfuß auf den Stoff aufbringen. Natürlich geht das auch ohne Maschine, einfach mit Nadel und Faden. Bereite dafür einen Schriftzug nach Wahl – wie oben beschrieben – vor und bringe ihn, wie bei der Katzen-Tasche auf Seite 16 auf deinen Stoff.

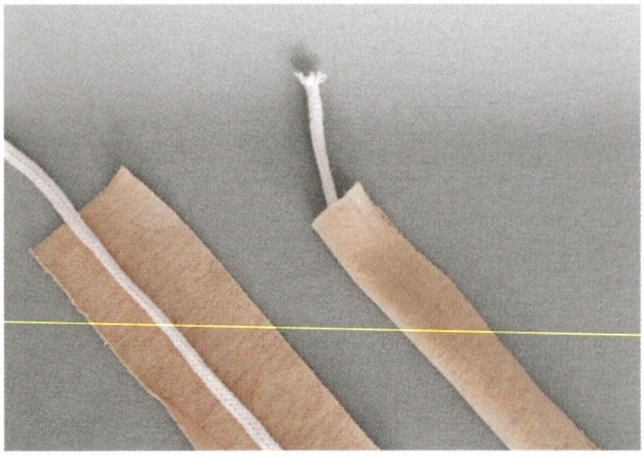

Auch das Paspelband am gezeigten Cosy-Kissen ist zudem ein waschechtes DIY aus Strickschlauch! Für filigrane Projekte eignen sich die fertigen schmalen Schläuche. Aber auch die voluminöseren selbst gestrickten Strickschläuche können deinen Kissen, Taschen und Co. das gewisse Etwas verleihen. Und da die Färbung von Seite 86 einfach genial ist, verdankt auch dieses Kissen seinen Farbton den Resten einer Avocado.

sweet
happy
diy
cosy
love
home
dreams

A B C D E

F G H I J

K L M N O

P Q R S T U

V W X Y Z

a b c d e f g

h i j k l m n

o p q r s t u

v w x y z

Impressum

Design & Realisation: Nicole Hagen
Fotos & Styling: Nicole Hagen
Projektmanagement: Maria Möllenkamp
Lektorat: Sigrun Borstelmann
Korrektorat: Christiane Gsänger
Umschlaggestaltung: Regina Degenkolbe
Satz: Sabine Vonderstein
Repro: LUDWIG: media
Herstellung: Julia Hegele
Printed in Poland by CGS Printing

★ ★ ★ ★ ★

Sind Sie mit diesem Titel zufrieden? Dann würden wir uns über Ihre Weiterempfehlung freuen. Erzählen Sie es im Freundeskreis, berichten Sie Ihrem Buchhändler/Ihrer Buchhändlerin oder bewerten Sie beim Onlinekauf. Und wenn Sie Kritik, Korrekturen oder Aktualisierungen haben, freuen wir uns über Ihre Nachricht an
Christophorus Verlag, Postfach 40 02 09,
D-80702 München oder per E-Mail an
lektorat@verlagshaus.de.

Unser komplettes Programm finden Sie unter

www.christophorus-verlag.de

Die Deutsche Nationalbibliothek verzeichnet diese Publikation in der Deutschen Nationalbibliografie; detaillierte bibliografische Daten sind im Internet über http://www.dnb.de abrufbar.

Herstellerverzeichnis:
Rayher Hobby GmbH, www.rayher.com
Prym Consumer Europe GmbH, www.prym.de

ISBN 978-3-8388-3890-8

Kreativ-Service

Sie haben Fragen zu unseren Büchern und Materialien? Wir beraten Sie gern rund um alle Kreativthemen.
Rufen Sie uns einfach an. Wir interessieren uns auch für Ihre eigenen Ideen und Anregungen.
Sie erreichen uns per E-Mail kreativ-service@c-verlag.de oder unter der Telefonnummer 0049-89-1306 99 577.

Besuchen Sie uns im Internet: **www.christophorus-verlag.de** & **www.selbstgemacht.de**